新媒体可视化科学教育丛书

声光热能（初中物理）
Acoustics, Optics, Heat and Energy

徐奇智 / 主　编
张　静 / 副主编

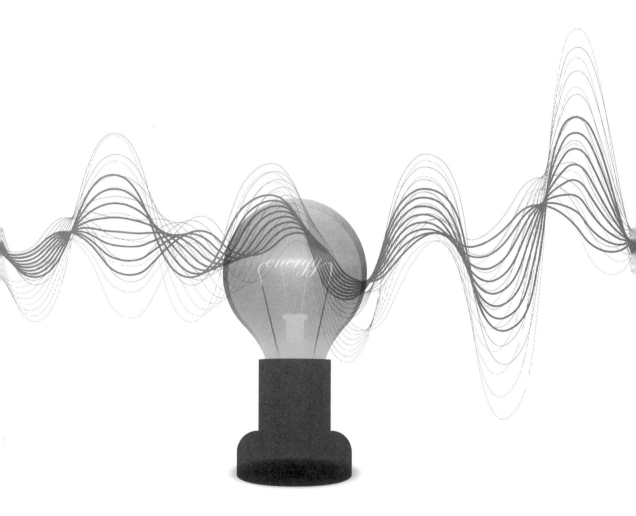

中国科学技术大学出版社

内容简介

本书以《全日制义务教育物理课程标准》为依据,以物理学科核心素养为目标,优化知识的呈现方式,深度应用可视化手段,如AR、互动微件等,将抽象内容可视化,在保证科学性的前提下,重视艺术性、交互性。本书包括声现象、光现象、物态变化、内能与热机4章内容,从生活中的实例出发,阐述了相关的科学知识,介绍了声音与光的相关现象及原理、物态变化、能量守恒等,从现象到本质,帮助学生建立科学与生活的联系。

图书在版编目(CIP)数据

声光热能/徐奇智主编. ——合肥:中国科学技术大学出版社,2020.4
(新媒体可视化科学教育丛书)
ISBN 978-7-312-04698-8

Ⅰ.声… Ⅱ.徐… Ⅲ.中学物理课—教学参考资料 Ⅳ.G634.73

中国版本图书馆CIP数据核字(2019)第087145号

出版	中国科学技术大学出版社 安徽省合肥市金寨路96号,230026 http://press.ustc.edu.cn https://zgkxjsdxcbs.tmall.com
印刷	安徽国文彩印有限公司
发行	中国科学技术大学出版社
经销	全国新华书店
开本	787 mm × 1092 mm 1/16
印张	13.25
字数	290千
版次	2020年4月第1版
印次	2020年4月第1次印刷
定价	78.00元

编 委 会

主 编 徐奇智

副主编 张 静

委 员 孙曙辉　方 志　石婷婷

前　言

　　阳光照耀大地，给我们带来光和热，地球上的生命才得以延续和发展。大自然中充满美妙的声音，动听的乐曲让我们心情舒畅。有了光，我们才可能看到美丽的世界；有了声音，我们才可能用语言进行交流。天空中有时晴空万里，有时乌云密布，有时下雨，有时下雪，雪融化变成了水，水又结成了冰。这些是习以为常的场景，却又蕴含着物理的奥秘。了解这些奥秘，能够帮助我们认识世界，探寻世界的本质。

　　本书依据《全日制义务教育物理课程标准》，通过新媒体技术手段，以及一系列的可动态交互的AR、微件等可视化内容，将抽象与复杂的知识准确高效地呈现出来。我们希望通过这种方式，学生可以认识到物理的学习从来都不是枯燥和晦涩难懂的，学习物理也可以很有趣。

　　在本书的编写过程中，我们一直在思考，学习究竟应该是怎样的状态？除了知识之外，还有什么是我们要教给学生的？我们希望通过这种沉浸式的学习，学生不仅能收获知识，更能爱上学习，这也是我们所有教育工作者的愿景。

　　感谢方志老师、石婷婷老师在本书编写过程中的辛勤付出，同时也感谢合肥五十中的邓祖俊老师和张驰老师的大力支持。

　　编者水平有限，如有疏漏，欢迎指正。

编　者

目 录

前言 / I

第 1 章　声现象 / 1

1.1　声音的产生与传播 / 2
1.2　声音的特性 / 10
1.3　声音的应用 / 19
章末总结 / 26

第 2 章　光现象 / 36

2.1　光的传播 / 37
2.2　光的反射 / 46
2.3　光的折射 / 59
2.4　透镜及其应用 / 69
2.5　生活中的透镜 / 79
章末总结 / 88

第3章　物态变化 / 105

3.1　温度 / 106
3.2　熔化和凝固 / 113
3.3　汽化和液化 / 121
3.4　升华和凝华 / 130
3.5　地球上的水资源 / 135
章末总结 / 140

第4章　内能与热机 / 151

4.1　分子热运动 / 152
4.2　内能 / 162
4.3　比热容 / 169
4.4　热机和社会发展 / 176
4.5　能量的转化与守恒 / 186
章末总结 / 190

第 1 章　声现象

■ 引言 Introduction

　　皇穹宇建于明世宗嘉靖九年（1530），其围墙高3.72米，周长193.2米，墙面光滑，墙头覆盖着蓝色琉璃瓦。如果两个人分别站在东、西配殿，贴墙而立，一个人对着墙壁说话，不管声音多小，另一人都可以听得清清楚楚，而且声音悠长，造成一种"天人感应"的神秘气氛，故称其为"回音壁"。

　　为什么会有如此神奇的回音壁呢？现在让我们一起来探索奇妙的声世界。

Experiment
趣味实验

取7个大小相同的矿泉水瓶，在每个瓶子中装入不同高度的水，用嘴依次吹瓶口，你会发现每个瓶子发出的声音高低不一样，这是为什么？

1.1 声音的产生与传播

我们生活在平凡而奇特的声音世界中：潺潺的流水、美妙的音乐、滴滴的钟表……那么声音是怎样产生的，又是如何被我们听到的呢？

1.1.1 声音的产生

实验表明，声音是由物体的**振动（vibration）**产生的。我们把正在发声的物体叫作**声源（sound source）**。固体、液体、气体都能发声，都可以成为声源。固体的振动发声如鼓声、琴声，液体的振动发声如潺潺的流水声，气体的振动发声如风声。

美妙的音乐稍纵即逝，如果能记录下来，就能够在

Experiment
实 验

1. 敲击一下音叉，然后将振动的一端放入装满水的碗中，观察水的变化。

2. 在鼓面上放一些纸屑，敲击鼓面，观察纸屑的变化。

物体发声与不发声时有什么不同？发声的物体有什么共同特征？

想听的时候让它重复。声音是由物体的振动产生的，我们将振动规律记录下来，需要时再按照记录的振动规律去振动，这样就可以将声音再现。早期的机械唱片（图1.1）正是根据这一原理制成的。

机械唱片 | 图1.1

1.1.2 声音的传播

当你和别人打招呼时，对方可以听到并给出回应。那么，声音是怎样从发声的物体传播到远处的呢？

Experiment 实验

微件 声音的传播

将正在发声的响铃放在玻璃罩内，逐渐抽掉其中的空气，抽掉之后再让空气逐渐进入玻璃罩内，观察响铃声音的变化情况。

上述实验表明，我们赖以生存的空气传送了声音。如果没有空气，人们就无法正常交流了。在太空中，航天员之间虽然距离很近，但仍需要通过无线电进行交流，这是因为太空中没有空气。

声音在空气中是怎样传播的呢？

蜻蜓在水面产卵，激起的水波会向四周传播（图1.2）。

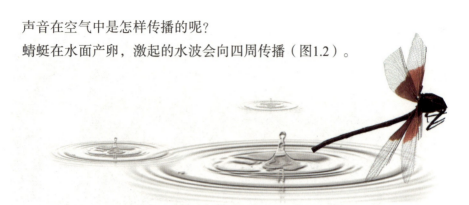

蜻蜓在水面上激起水波｜图 1.2

声音也是以类似的方式传播的，不过人眼看不到。声音以波的形式传播，我们把它叫作声波（sound wave）。

当你进入他人的房间时，需要先敲门；钓鱼时，人们需要安静地坐在水边等候，若在岸边大声说话，则水中的鱼儿会被吓走。房间里的人能听到敲击木门的声音，水中的鱼儿能听到岸边人的说话声，这表明木门及水都能传播声音。

大量实验表明，声音的传播需要物质，物理学中把这样的物质叫作介质（medium）。传播声音的介质可以是气体、液体和固体，真空不能传播声音。

1.1.3 声　速

校运动会上百米赛跑时，我们往往先看到远处的发令枪冒烟，过一会儿才能听到枪声。这个现象表明，声音传到人们的耳朵需要时间。我们用声速来描述声音传播的快慢，它的大小等于声音在每秒内传播的距离。声速的大小与介质的种类及温度有关，如15 ℃时空气中的声速是340 m/s。相同温度下，声音在气体中的传播速度小于液体和固体。一些介质中的声速见表1.1。

表 1.1　一些介质中的声速

物质	声速/(m/s)	物质	声速/(m/s)
空气（0 ℃）	331	海水（25 ℃）	1531
空气（15 ℃）	340	冰	3230
空气（25 ℃）	346	铜（棒）	3750
软木	500	大理石	3810
煤油（25 ℃）	1324	铝（棒）	5000
水（常温）	1500	铁（棒）	5200

1.1.4 回声

对着幽静的山谷喊话，过一会儿就能听到回声。这是由于我们发出的声音在传播过程中遇到了山壁，被反射回来，形成回声。当回声与原声到达耳边的时间差大于0.1 s时，人耳能听到清晰的回声；小于0.1 s时，回声就与原声混在一起，无法分辨，但是我们会觉得声音更响亮。回声的产生过程如图1.3所示。

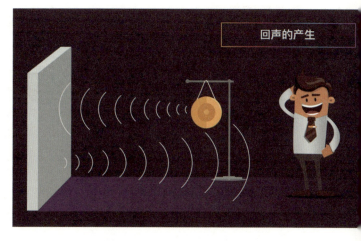

微件　回声的产生过程｜图1.3

1.1.5 人是怎样听到声音的

耳朵能帮助我们听到声音，感受美好的声音世界，那么耳朵是怎样把外界振动发出的声音传递到大脑的？如图1.4所示，人的耳朵主要分为外耳、中耳和内耳。外耳是能从人体外部看见的部分，负责汇集声波。声波通过耳道到达与其相连的耳膜（又称鼓膜），使耳膜振动。耳膜后面的部分称为中耳，负责向里面传送声波。中耳包括锤骨、砧骨和镫骨。锤骨贴着耳膜，耳膜振动时锤骨也振动，振动依次通过锤骨、砧骨和镫骨。内耳由半规管、前庭和耳蜗组成，负责把声波转换成大脑可以理解的信号。镫骨振动时，振动传到耳蜗，使耳蜗里的毛细胞来回摆动，让信息经过听觉神经（又称耳蜗神经）发送给大脑，大脑处理信息，产生听觉。

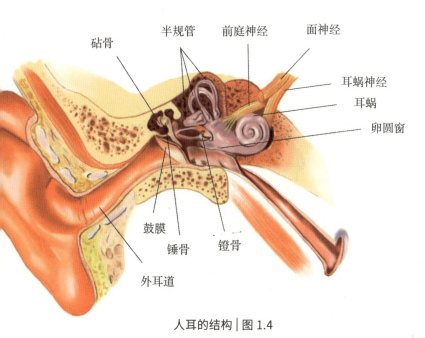

人耳的结构｜图1.4

Experimen**t**
实　验

1. 取两个隔音耳塞塞住耳朵，之后取一根音叉，用橡皮锤敲击音叉，使音叉振动，此时能听到音叉发出的声音吗？再将振动的音叉尾部分别抵在额骨、牙齿、颚骨上试一试，最后再移开音叉，又会出现什么情况？

2. 一位同学闭上眼睛坐在椅子上，另一位同学协助播放音乐，分别在这位同学的正前方、左前方右前方正后方、左后方、右后方6个方位播放，每次播放后让闭眼的同学判断音乐来自何方。

研究发现，当声音在传播过程中遇到障碍时，可以通过骨头将声音传给听觉神经，产生听觉。这种传导方式叫作骨传导。据说，有听力障碍的音乐家贝多芬，就是用牙咬住木棒的一端，另一端顶在钢琴上来听自己演奏的琴声进行创作的。骨传导可以有效避免嘈杂环境的干扰，常应用于工业、战场等特殊场合中。

人们依靠双耳间的音量差、时间差和音色差来判别声音方位的效应称为<mark>双耳效应（binaural effect）</mark>。如图1.5所示，在剧场舞台的左、右两侧各放置一个扩音器，将接收到的声音由左、右两只扩音器A、B播放出来。人与两只扩音器等距离，如果从A、B发出的声音强弱相同，则会感觉到声源位于正前方；如果发出的声音是B强A弱，或者只从B发出，则会感觉到声源在偏左的位置。

剧场扩音器实验｜图1.5

Science Scope
科学视野

神奇的声音

20世纪初，莫斯科近郊发生一起大爆炸（图1.6）。据调查，在半径300 km的远方依然能听到爆炸声。然而奇怪的是，在半径70~160 km的范围内，人们却什么也听不到。声音为什么会"跳"过中间这片区域呢？物理学家发现，声音在传播的过程中有一种"怪癖"，它在空气中总挑温度低、密度大的路径走。当遇到温度高、密度小的空气时，声音便会向上拐弯到温度较低的空气中去（图1.7）。如果某一地区地面附近的气温变化比较复杂，声音的传播路径就会高低起伏，从而形成前面所说的声音"跳"动现象。

大爆炸 | 图1.6

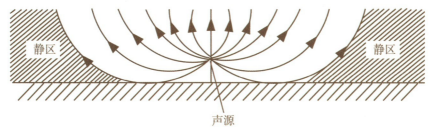

会跳跃的声音 | 图1.7

习题 Exercises

A组

1. 下面几种现象中，能说明声音可以在水中传播的是（　　）。
   A. 雨滴打在荷叶上会听到啪啪声
   B. 正在发声的音叉放入水中会溅起水花
   C. 在岸上能听到江水拍岸声
   D. 密封在塑料袋里的闹钟放入水中也能听到声音

2. 百米赛跑时，计时员分别根据发令枪冒烟和听到的枪声计时，这两种计时方法的成绩可能相差（　　）。
   A. 0.294 s　　B. 2.94 s
   C. 29.4 s　　D. 0.0294 s

3. 下面不是由于双耳效应达到的效果的是（　　）。
   A. 雷电来临时，电光一闪即逝，但雷声却隆隆不断
   B. 将双眼蒙上，也能大致确定发声体的方位
   C. 大象判断声源的位置比人更准确
   D. 舞台上的立体声，使人有身临其境的感觉

4. 闭上眼睛，用棉球把一只耳朵堵上，请一个同学在不同的方向跟你打招呼，你_____（选填"能"或"不能"）清楚地分辨他的方向；再把堵着耳朵的棉球拿开，请这位同学仍然在不同的方向跟你打招呼，你_____（选填"能"或"不能"）清楚地分辨他的方向。

5. 击鼓时发出的声音是_____的振动，用嘴对着笔套吹气发出的声音是_____的振动。经验丰富的检修工夜间用一根铁棒沿地面下水管排设处逐段细听，就能发现漏水的部位，这是因为_____。

6. 小明是个音乐爱好者，平常没事的时候喜欢哼着小调，唱着小曲，自认为就是原音；可是其他同学听着就不是那么回事，认为他五音不全，唱歌简直是噪声。聪明的你根据人耳听到声音的途径解释一下：为什么小明唱的歌自己听与别人听不一样呢？

7. 用录音机录下自己说话的声音，试听以后觉得不像自己的声音，请解释这个现象。

8. 某人因为剧烈爆炸声而导致耳聋（鼓膜破裂），假如你是医生，你将考虑从哪些途径对他进行治疗？

B组

1. 人耳感受声音的第一个"部件"是（　　）。
   A. 头骨　　　　　　B. 听小骨
   C. 神经　　　　　　D. 鼓膜

2. 当我们听到飞机在头顶正上方轰鸣时，下列说法正确的是（　　）。
   A. 飞机还没有到达头顶的正上方
   B. 飞机正好在头顶的正上方
   C. 飞机已经飞过头顶的正上方
   D. 上述三种情况均有可能

3. 下列距离不能用声波来测量的是（　　）。
   A. 地球到月球之间的距离
   B. 很长的钢管的长度
   C. 海的深度
   D. 相距很远的两座高山之间的距离

4. 悦耳动听的笛声是靠笛管里的＿＿＿＿振动产生的。在月球上的宇航即使离得很近也只能靠无线电话进行交谈，这是因为在月球上没有传播声音的＿＿＿＿＿＿＿。

5. 声音在空气中的传播速度与空气的温度和浓度有关，空气的温度越低、浓度越大，传播声音的速度就越快。教堂远郊的居民常用收听到报时钟声的清晰程度来判断天气的变化。有一天，他们收听到的报时钟声一次比一次清晰，则该地区的天气将会越来越＿＿＿＿＿＿＿（选填"晴"或"阴"）。

6. 已知声音在铁、水和空气中的传播速度依次为5200 m/s、1500 m/s和340 m/s。现有一段长为18 m的装满水的铁管，将耳朵贴在铁管一端，在另一端敲一下，能听到几次声音？通过计算说明。（提示：人耳能分清前后两次声音的时间间隔要大于0.1 s）

7. 为了探究固体也能够传播声音，小林同学把耳朵贴在桌面上，让另一名同学用碳素笔敲打桌面，他听到了清晰的声音，于是他得出结论：固体也能够传播声音。小华却认为小林听到的声音可能是由空气传播的，不能说明固体也能够传播声音。请你用桌子、碳素笔通过实验证明固体也能够传播声音，写出主要实验步骤及实验现象，并对实验进行简要分析。

1.2 声音的特性

声音是许多生物进行信息交流的方式之一，动物利用声音来吸引同伴，警告入侵者；人类利用声音进行交流。为什么我们听不到蝴蝶扇动翅膀的声音，却能听到蚊子的嗡嗡声？对于熟悉的人，为什么我们只要听到声音就可以辨认出来？这些都与声音的特性有关。

1.2.1 音调

物理学中把声音的高低叫作音调（pitch）。我们接触的声音，有音调高低之分。是什么决定了声音音调的高低？

实验表明，物体振动得快，发出的音调就高；振动得慢，发出的音调就低。由此可见，物体振动的快慢决定了音调的高低。振动的快慢叫作频率（frequency），用 f 来表示，等于振动次数与所用时间之比。频率的单位为赫兹（Hertz），简称赫，符号为 Hz。如果一个物体每秒振动50次，它的频率就是 50 Hz。频率越高，音调越高。如图1.8所示，相同时间内，甲的振动次数少，频率低，音调低；乙的振动次数多，频率高，音调高。

Experiment
实　验

将一把钢尺紧压在桌面上，一端伸出桌沿，用手拨动使其上下振动。观察钢尺振动的快慢和声音的高低。改变钢尺伸出桌沿的长度，重复实验。比较声音的高低与振动的快慢之间的关系。

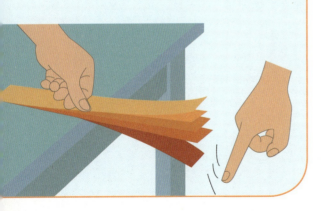

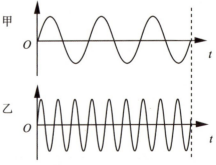

微件　音调的高低与频率的关系｜图 1.8

声光热能
Acoustics, Optics, Heat and Energy

人的发声频率范围是85~1100 Hz。一般来说，儿童的音调比成人高，女性的音调比男性高。图1.9是人和一些动物的发声频率范围。

1.2.2 多普勒效应

我们在生活中都有这样的体验：当救护车或警车从我们身边驶过时，警报器的音调总在不断地变化。当车子向我们驶来时，警报器的音调变高；当车子远去时，音调又会变低。这种现象被称为**多普勒效应（Doppler effect）**。我们知道，声音的音调由频率决定，但警报器的发声频率并没有变化，为什么我们会听到音调的变化呢？如图1.10所示，声源以固定的频率 f 发声，当声源向我们靠近时，我们在单位时间内收到的声波数量增加，即我们接收到的声波频率增加，所以听起来音调升高。当声源远离我们时，我们在单位时间内收到的声波数量减少，即我们接收到的声波频率降低，所以听起来音调降低。

人
频率 f/Hz:85~1100

猫
频率 f/Hz:760~1500

狗
频率 f/Hz:452~1800

蝙蝠
频率 f/Hz:10000~120000

海豚
频率 f/Hz:7000~120000

青蛙
频率 f/Hz:50~5000

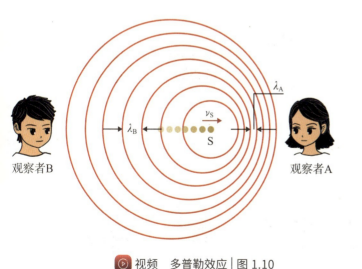

▶视频　多普勒效应 | 图 1.10

知更鸟
频率 f/Hz:2000~13000

蚱蜢
频率 f/Hz:7000~100000

人和一些动物的发声频率范围 | 图 1.9

Experiment 实 验

将米粉加水制成米糊，并倒在正在播放的音箱的喇叭上，调整音量的高低，观察米糊的振动幅度。米糊的振动幅度在一定程度上反映了声波的幅度。声音的响度与声波的幅度之间有什么关系？

▶ 视频　跳动的米糊

1.2.3 响　度

声音不仅有高有低，还有强有弱，比如用力敲击鼓面和轻轻敲击鼓面所发出的声音大小必然不同。物理学中把声音的强弱叫作响度（loudness），又叫音量。

物理学中用振幅（amplitude）来描述物体振动的幅度。物体的振幅越大，产生声音的响度也越大。人们通常利用声级（sound level）对振幅进行度量。声级的单位是分贝（decibel），符号为dB。分贝数越大，表示声音越强。把人耳能听到的最弱声音的强度定义为0 dB。过大分贝的声音会对人耳造成损伤，长期处于90 dB以上的人耳可能会受到永久性的伤害。图1.11 标记了一些常见的声级。

响度还与距离声源的远近有关，离声源越远，听到的声音越小。

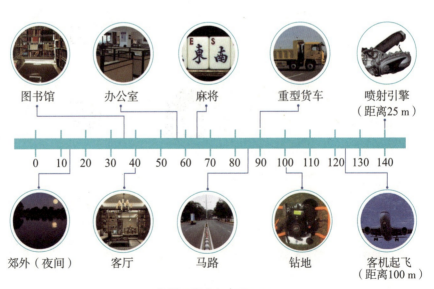

一些常见的声级｜图1.11

1.2.4 音色

对于熟悉的人，我们即使闭着眼睛，也能分辨出是谁在说话，这说明声音除了音调和响度之外，还有第三个特性，这就是音色（musical quality），也叫音品。图1.12是小提琴和钢琴在演奏同一个音调时的波形图。通过观察可以知道，不同乐器发出相同音调时的波形频率相同，但波的形状不同。

小提琴和钢琴在演奏同一个音调时的波形图 | 图 1.12

物体的材料不同、结构不同或发声方式不同，导致了物体的音色不同。因此，即使两个人说同样的话，音调相同、响度相同，人耳仍能将它们区分开来，这就是因为音色不同。

音调、响度和音色是声音的三个主要特性。

1.2.5 乐音和噪声

声音是多种多样的，有些声音悦耳动听，听到时感觉非常舒服，例如美妙的歌曲、悠扬的演奏，这类声音叫作乐音。通过上面小提琴与钢琴的波形图可以看出，乐音的波形是规则的。

物体做无规则振动时会发出噪声。从环境保护的角度来说，一切干扰人们工作、学习、交流、休息的声音，都是噪声。例如，酒吧里音量过大的音乐、汽车喇叭的鸣笛声、工地施工的声音……都属于噪声。

1.2.6 噪声的危害

对人体来说，30~40 dB 是比较理想的声音环境，高于 70 dB 就会影响谈话。人对不同强度声音的感觉如图 1.13 所示。长时间处于噪声环境中会对人体造成危害，其危害程度取决于噪声的频率、强度及人体暴露在噪声中的时间。

噪声对人体最直接的伤害是听力损伤。人耳暴露在强噪声环境中一段时间后，会感到双耳难受，甚至出现头痛等症状。如果只是短时间的暴露，那么听力在转移到安静场所之后会逐渐恢复，这种现象叫作听觉疲劳。但是如果长时间暴露在强噪声环境中，听觉疲劳得不到缓解，就有可能造成噪声性耳聋。噪声除了会损伤听力之外，还会导致失眠、记忆力减退等症状，同时会增加高血压、冠心病和动脉硬化的发病率。

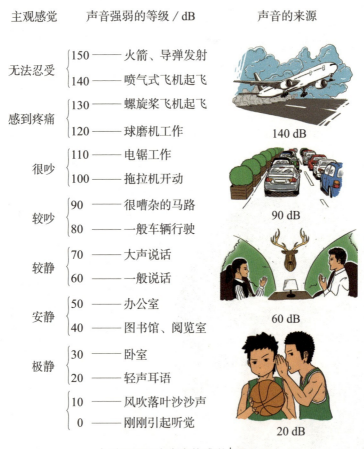

人对不同强度声音的感觉 | 图 1.13

1.2.7 噪声的防治

噪声污染已成为四大污染之一，越来越受到人们的重视。我们知道，人耳听到声音需要经历三个阶段：声源发声—声音传播—人耳接收。因此，噪声的防治也应该从这三个阶段入手：防止噪声产生—阻断噪声传播—阻止噪声入耳。

噪声严重影响了人们的工作生活，因此现代城市都将噪声防治作为环境保护的重点之一。学校、医院等场所常设有禁止鸣笛的标志，进行城市建设、产品设计等工作时，也应该考虑到噪声的影响。日常生活中，我们应该自觉减少噪声的产生，共同努力营造没有噪声污染的环境。

知识拓展

● **常见乐器的发声原理**

当两个频率相同、方向相反的波相遇时，就会发生相互叠加，形成新的波，这种波称为驻波（图1.14），我们在演奏乐器时也会形成驻波。驻波只能在特定频率下出现，这种特定频率叫作固有频率。每个物体都有自己的固有频率，最低的固有频率叫作基音，高于基音的固有频率称作泛音。基音和泛音相互叠加，形成独特的声音。虽然不同的乐器演奏相同的音符会产生相同频率的波，但不同基音和泛音的混合却形成了不同的音质。

虽然乐器的种类繁多，但发声的原理基本相同，即振动产生声音。根据振动方式不同，乐器基本上可分为三类：弦乐器、管乐器和打击乐器。

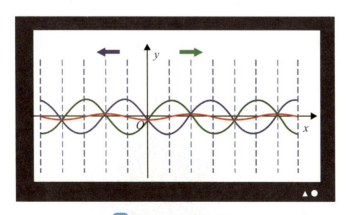

微件 驻波 | 图1.14

弦乐器

小提琴（图1.15）属于弦乐器。当用弓拉弦或拨动弦时，弦会振动，从而产生声音。弦振动时，与乐器的中空体产生共振，从而增加声音的响度。琴弦发出的声音的音调高低与弦的长短、粗细、材料和紧绷程度有关。弦越长，发出的声音的音调就越低；较粗的弦相比较细的弦，发出的声音的音调低；弦绷得越紧，发出的声音的音调越高。

管乐器

小号（图1.16）属于管乐器。演奏管乐器时，对着乐器的吹口吹气，使乐器内的空气柱振动，从而发出声音。管乐器发出的声音的音调高低取决于空气柱的长短。空气柱越短，声音的音调越高。空气柱的长短可以通过按住乐器上不同位置的孔来控制。

小提琴 | 图 1.15

小号 | 图 1.16

打击乐器

打击乐器依靠击打产生的振动发出声音，鼓（图1.17）属于打击乐器。当敲打鼓面时，鼓面振动发出声音。鼓的音调高低取决于鼓的大小、材料和鼓面绷紧的程度。鼓越小，音调越高。

鼓 | 图 1.17

习题 Exercises

A组

1. 2012年的春节联欢晚会上，王菲在演唱时出现了"破音"现象。所谓"破音"是指人情绪紧张时发生的呼吸较沉重、声音沙哑、高音刺耳等现象。从物理学角度看，"声音沙哑""高音刺耳"指的是声音的哪些特性发生了变化？（　　）

　　A. 音调和响度　　B. 音色和音调

　　C. 响度和音色　　D. 音调、响度和音色

2. 如图所示，将一把钢尺紧按在桌面边缘，一端伸出约尺长的1/2，拨动钢尺，听它发出的声音，并观察它的振动情况。然后减小钢尺伸出长度，使其约为尺长的1/4，再次实验，得到的结论是（　　）。

　　A. 声音变大　　B. 频率变高

　　C. 振动变慢　　D. 响度变小

3. 二胡是中国的民族乐器，有粗（内弦）、细（外弦）两根弦，拉弓时马尾和弦摩擦发出声音，如图所示，下列做法不能改变二胡音调的是（　　）。

　　A. 用手指按压同一根弦的不同位置

　　B. 手指按压在弦的相同位置，从摩擦内弦换到摩擦外弦

　　C. 加大摩擦弦的力量

　　D. 旋转弦轴，增加弦的紧张度

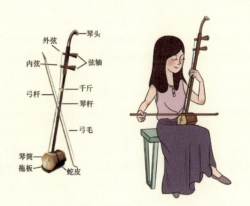

4. 要提高鼓声的响度，可以采用的方法是（　　）。

　　A. 用更大的力击鼓

　　B. 击鼓击得快些

　　C. 改用鼓面小一点的鼓来轻轻敲击

　　D. 离击鼓处远一些

5. 蚊子的叫声和牛的叫声相比，_____的响度大，_____的音调高。在空气中声音以_____的形式传播。

6. 图1是几种声音输入到示波器上时显示的波形，其中音调相同的是_____和_____；响度相同的是_____和_____。（填"甲""乙""丙"）图2所示的两种声音_____不同。

图2

第1章　声现象

17

1. 我们生活在声音的海洋里，其中有优美动听的，也有令人烦躁的，在繁华的闹市区设立的噪声监测器是用来测定声音的（　　）。

  A. 响度   B. 音调
  C. 音色   D. 频率

2. 生活中经常需要控制噪声，以下措施中，属于在传播过程中减弱噪声的是（　　）。

  A. 道路两旁栽行道树
  B. 考场周围禁鸣喇叭
  C. 机场员工佩戴耳罩
  D. 建筑工地限时工作

3. 在音乐中，中音C调"1（do）"的频率是262 Hz，D调"1（do）"的频率是294 Hz，由此可知，D调"1"比C调"1"的_____（选填声音的三要素）高。

4. 如图所示，用三个相同的玻璃瓶装水，水面高度不同：用嘴贴着瓶口吹气，发出的声音的音调从高到低分别是_____；用木棍敲打瓶口，发出的声音的音调从高到低分别是_____。

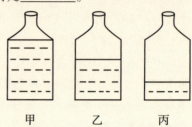

甲 乙 丙

5. "大妈广场舞，吵得我好辛苦。"这句话说明大妈在健身的同时，也产生了噪声。为了共建和谐社会，社区委员会与大妈沟通，跳舞时：

（1）调小音量，属于在_____阶段减弱噪声；

（2）社区居民关闭门窗，属于在_____阶段减弱噪声。

1.3 声音的应用

通过前面的学习,我们知道声音以波的形式传播,称为声波,声波是一种机械波,由物体(声源)振动产生。

1.3.1 超声波与次声波

人耳并不能听到自然界中所有的声音,我们把人耳能听到的声音称为可听声。人耳可听到的声波频率范围一般为20~20000 Hz。动物能听到的声波频率范围和人不同,不同的动物能听到的声波频率范围也不同(图1.18)。

人和一些动物的听觉频率范围 | 图1.18

人们把频率高于20000 Hz的声波叫作**超声波(supersonic wave)**;把低于20 Hz的声波叫作**次声波(infrasonic wave)**。虽然人耳听不到超声波和次声波,但它们对人类的生活有着重要的影响。

超声波频率高、波长短,具有方向性好、穿透能力强、易于获得较集中的声能等特点,在生产、生活中有着广泛的应用,如超声金属探伤、超声除垢等。

次声波频率低、波长长,不易衰减,不易被水和空气吸收,在空气中传播的距离远,且可以绕过障碍物传播。较强的次声波会对人体造成严重损害,使人恶心、神经错乱,甚至五脏破裂。某些频率的次声波由于和人体器官的振动频率相近甚至相同,因此容易和人体器官产生共振,危险时可致人死亡。

1.3.2 声与信息

当我们在漆黑的屋子里走动时，很容易碰到墙壁或屋子内的物体。但蝙蝠可以在夜晚自由地飞行而不会碰到物体，这是为什么呢？原来，蝙蝠在飞行时会发出频率高达120000 Hz的超声波（图1.19），声波碰到障碍物后会反射回来，根据声波反射回来的时间和方位可以确定障碍物的位置。

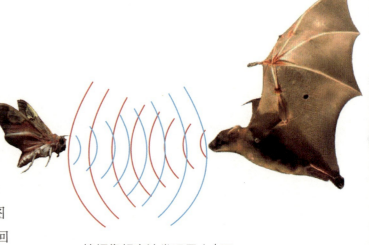

蝙蝠靠超声波发现昆虫 | 图 1.19

使用声波测定距离或目标方位的方法叫作回声定位法。蝙蝠、海豚和鲸等都是利用回声定位法捕食的。利用这个原理，人们发明了超声导盲仪、倒车雷达（图1.20）等。

超声波在医学上的应用比较广泛，利用超声波成像技术可以帮助我们观察身体内部器官。超声波在人体内传播时，由于人体骨骼、心脏等对超声波的反射情况不同，成像仪器可以利用反射回来的超声波形成图像，这就是B超的工作原理。图1.21所示为医生用B超查看胎儿的发育情况。

倒车雷达 | 图 1.20

医生用 B 超查看胎儿的发育情况 | 图 1.21

河灯 | 图 1.22

1.3.3 声与能量

放河灯的时候，用手轻拨水面，河灯就会随着水波漂流（图1.22）。我们说，此时能量通过水波传给了河灯。声波也是一种波，那么声波能传递能量吗？

实验说明，声波能传递能量。声波能传递能量的性质已被广泛应用，如超声波加湿器、超声波洗牙等。利用超声波把药物雾化后，易于病人吸入，可提高治疗效果。外科医生常利用超声波的巨大能量使人体内的结石做剧烈的受迫振动而破碎，从而可以顺畅地将其排出体外。

Experiment 实验

将一支点燃的蜡烛放在扬声器的前方，当扬声器发出声音时，观察烛焰的情况。

微件　发声扬声器旁的烛焰

第1章　声现象

Science Scope
科学视野

声 呐

我们有时候需要对无法轻易到达的地方进行考察，如海底深处。根据海豚的回声定位原理，人们制成了一种利用超声波测距和导航的装置，叫作声呐。它是由法国物理学家保罗·朗之万（Paul Langevin）发明的。

保罗·朗之万

声呐按工作方式不同可分为主动声呐和被动声呐。被动声呐是指接收水下目标所发出的声波，确定目标的位置，并根据声波特征（频率、响度和音品）来识别目标物。被动声呐只能搜索自身发声的水下目标。主动声呐由超声波发生器、接收器和显示系统组成，它可以主动地搜索目标。声呐还可以作为水下舰艇之间传递信息的手段。第一次世界大战时所用的声呐，其接收器实际上是一个放大了的听诊器，灵敏度很低。由于声呐安装在船上，螺旋桨的转动声、水流声等噪声对声呐有很大的干扰，因此为了听清从目标反射回来的声音，就必须把船停下来。近20年来，声呐技术有了飞速发展，通过运用一整套复杂的电子设备，大大提高了声呐的灵敏度。在一般的潜艇上常装有几十部声呐，分别担负警戒、侦查、通信、探雷、测礁、测水深以及主动攻击等任务。必要时，还能利用声呐制造噪声干扰或假声目标，以对抗敌方潜艇声呐的搜寻。

习题 Exercises

A组

1. 下列现象中属于利用声波传递能量的是（　　）。
   A. 用超声波清洗精密机械零件
   B. 蝙蝠确定目标的位置和距离
   C. 大象用次声波进行交流
   D. 医院里用B超为病人检查身体

2. 一艘科考船在经过A、B、C、D、E五个位置时，向海底定向发射超声波，测得回收信号的时间分别为0.20 s、0.14 s、0.18 s、0.15 s、0.20 s，根据时间就可以绘出海底的大致形状，大致形状如图中的（　　）。

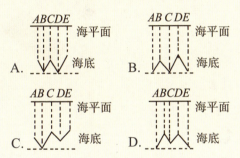

3. 下图为北京天坛公园里堪称声学建筑奇观之一的圜丘。当游客站在圜丘顶层的天心石上说话时，会感到声音特别洪亮。下列关于声音变得特别洪亮的解释中正确的是（　　）。

   A. 声音变成了超声波
   B. 圜丘上装有扩音器
   C. 建筑师利用了声音的折射原理
   D. 回声与原声混在一起，声音得到了加强

4. 汽车上的电子防盗报警装置在汽车被撬开时能发出报警声，提醒人们车辆被盗，这是利用了声音可以传递_____。医院利用超声打碎人体内的结石说明声音可以传递_____。

5. 停在海水中的潜艇A用声呐发射声波信号后，经过10 s接收到经潜艇B反射回来的信号，且信号频率不变，则潜艇B与潜艇A的距离是多少？（设声波在海水中的传播速度为1500 m/s）

6. 利用回声可以测量声源到障碍物的距离，科学工作者为了探测海底某处的深度，从海面向海底垂直发射超声波，经4 s后接收到回波信号。已知声波在海水中的传播速度为1530 m/s，请简要回答下列问题：
   （1）被测量处海洋的深度为多少？
   （2）利用超声波的反射能否进行太空测距？为什么？可以用什么测量？

7. 科学工作者为了测量峡谷的宽度，在陡峭的峡谷间开了一枪，经1.5 s后听到了第一次回声，再过1 s后听到了第二次回声，请你通过计算回答（设声音的速度为340 m/s）：
   （1）这个人距离较近一边的峡谷有多远？
   （2）整个峡谷有多宽？

1. 目前探测水下物体深度仍采用声呐技术，声呐指的是（　　）。

 A. 电磁波　　　　B. 红外线

 C. 超声波　　　　D. 紫光

2. 超声波可以洁牙是因为（　　）。

 A. 超声波是清洁剂

 B. 超声波能传递能量

 C. 超声波可发生反射

 D. 超声波可传递去污信息

3. 在室内讲话比在旷野里要响亮，对这一现象的分析正确的是（　　）。

 A. 室内空气与旷野空气不一样，传声性能也就不一样

 B. 旷野中声音沿各个方向传递，所以声音听起来小

 C. 声音在室内被反射回来，并和原声混合到一起，使原声加强

 D. 实际上是一样的，只是人的感觉不一样

4. 下列现象中，不是依靠声音获得信息的是（　　）。

 A. 有经验的养蜂人听蜜蜂的"嗡嗡"声就知道它是否采了蜜

 B. 夏天人们买西瓜，通常要捧起来拍两下听听声音来分辨西瓜的好坏

 C. 人们常用超声波清洗钟表等精细的机械

 D. 小明往水瓶里倒水，能听出水瓶里的水装得满不满

5. 在设计与建造电影院时，为了减少"回声"对观众听觉的干扰和影响，应尽量_____（选填"增大"或"减少"）四周墙壁对声音的反射，因此电影院内四周墙壁表面要采用_____（选填"柔软多孔"或"坚硬光滑"）的材料。

6. ①铁路工人用铁锤敲击钢轨，从异常的声音中发现松动的螺栓；②利用超声波清洗精细的机械；③利用声波预测自然灾害性事件；④利用超声波去除人体内的结石。以上属于声音传递信息的应用的是_____，属于声音传递能量的应用的是_____。（填序号）

7. "声音有能量吗？声音具有的能量与它的响度是不是有关呢？"小军同学在学习声现象知识中想到了这两个问题。于是在老师的帮助下，  他设计了如图所示的实验对这两个问题进行探究。其中，A为一个圆筒，它的右端用橡皮膜包住并绷紧扎牢，左端蒙上纸（纸的中间剪一圆孔）粘牢，对着点燃的蜡烛B后，拍打右端的橡皮膜，观察蜡烛的火焰。

请根据下表小军对"声音是否具有能量"的探究过程完成"声音的能量与响度是否有关"的探究。

探究内容	实验过程		
	小孔到烛焰的距离	实验做法	观察内容
声音是否具有能量	2 cm	拍动橡皮膜	烛焰是否晃
声音的能量与响度是否有关			

8. 一辆客车在某高速公路上行驶，在经过某直线路段时，司机驾车做匀速直线运动。司机发现其正要通过正前方高山悬崖下的隧道，于是鸣笛，经$t_1=6$ s后听到回声，听到回声后又行驶$t_2=16$ s，司机第二次鸣笛，又经$t_3=2$ s后听到回声，请根据以上数据，

（1）计算第一次鸣笛时客车与悬崖的距离；

（2）计算客车匀速行驶的速度，并判断客车是否超速行驶。（已知此高速路段最高限速为120 km/h，声音在空气中的传播速度为340 m/s）

章末总结

知识图谱
Knowledge Graph

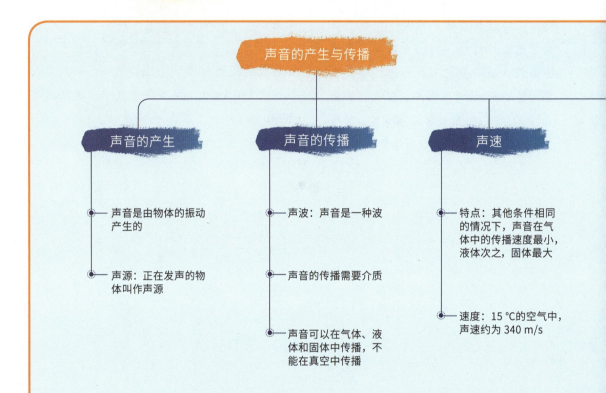

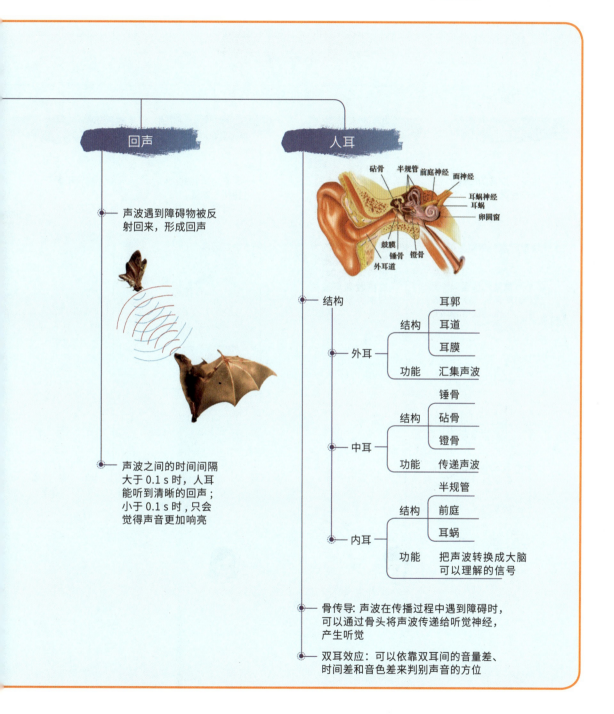

章末总结

知识图谱 Knowledge Graph

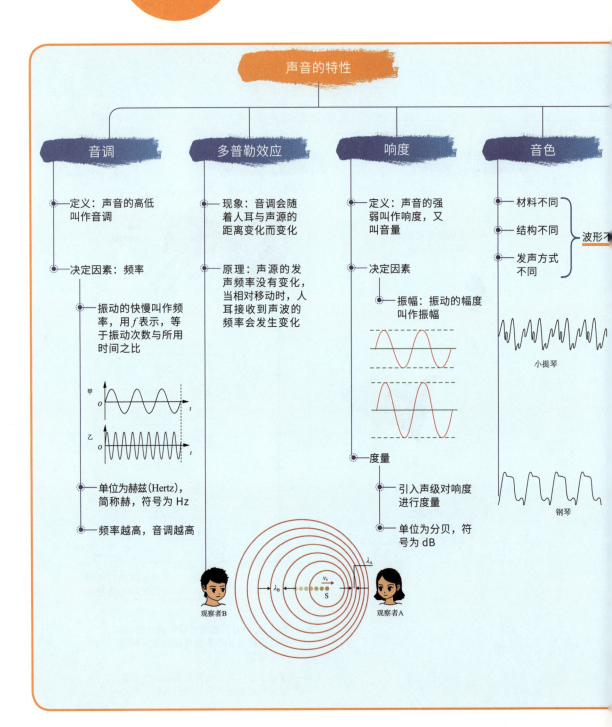

1 声现象

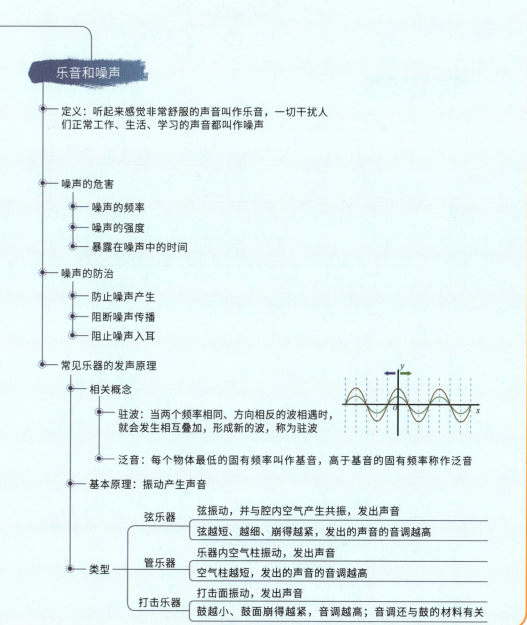

章末总结
知识图谱 Knowledge Graph

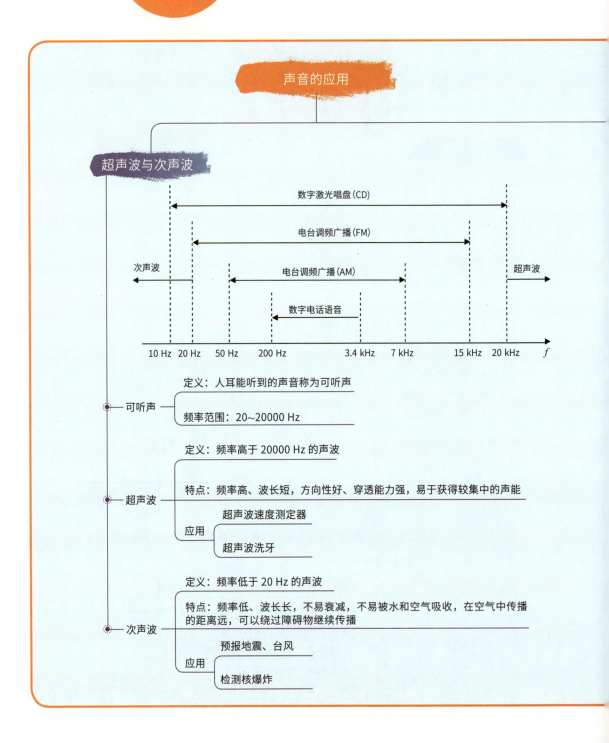

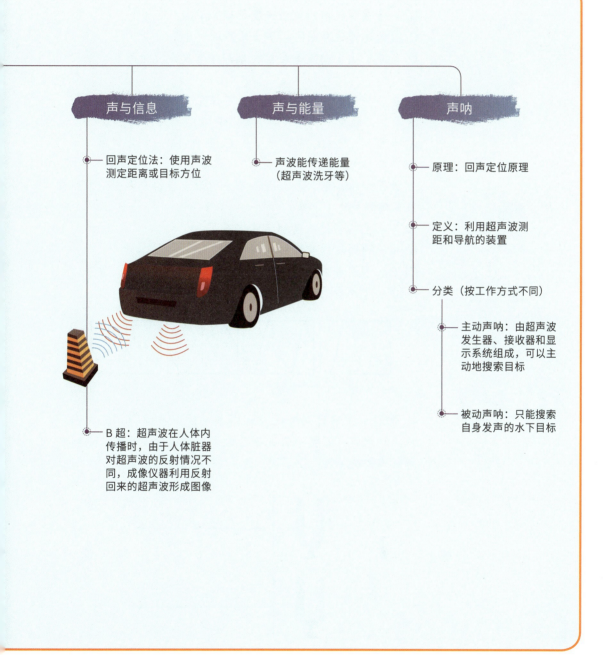

迁移应用
Migrating Application

A 组

1. 下列关于声现象的说法，正确的是（　　）。
A. 物体的振幅越大，音调越高
B. 声音在真空中的传播速度是340 m/s
C. 打雷时捂住耳朵可以防止雷声的产生
D. 地震、火山喷发等自然现象都伴有次声波的产生

2. 在公共场所"轻声"说话，在课堂上"大声"回答问题，这里的"轻声"和"大声"是指声音的（　　）。
A. 音调　　　B. 响度　　　C. 音色　　　D. 声速

3. 如图所示，甲、乙、丙、丁分别为声音的波形图，下列说法正确的是（　　）。
A. 甲、乙两者的响度和音色均不同
B. 甲、丙两者的响度和音调相同
C. 乙、丙两者的音调和响度均不同
D. 甲、丁两者的音调和音色相同

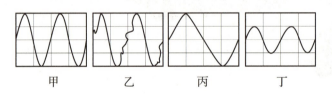

4. 物理上常通过声波的波形图来反映声波的特点。如图所示，根据甲、乙两个音叉振动时发出声音的波形图，下列判断正确的是（　　）。

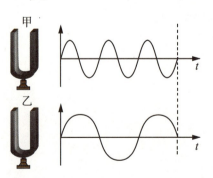

A. 甲音叉比乙音叉振动得快
B. 甲音叉比乙音叉发声的音调低
C. 甲、乙两音叉发声的频率相同
D. 甲音叉比乙音叉发声的响度大

5. 如图所示，在乐器表演中，小玲演奏二胡时手指不停地在弦上不同位置按下或松开，这是在改变声音的_____；小明时轻时重地敲击鼓面，这是在改变声音的_____。

6. "蝉噪林逾静，鸟鸣山更幽"，我们可以根据声音的_____辨别"蝉"和"鸟"的声音，"静"和"幽"描述了声音的这一特征。

7. 如图所示，小晶和小刚用细棉线连接两个纸杯制成了一个"土电话"。
（1）他们用"土电话"能实现10m间的通话，这表明_____。
（2）相距同样远，讲话者以相同的响度讲话，他们改用细金属丝连"土电话"，则听到的声音就大些。这一实验表明_____。
（3）如果用"土电话"时，另一个同学捏住棉线的某一部分，则听的一方就听不到声音了，这是由于_____。

8. 某汽车以10 m/s的速度匀速驶向一座陡峭的高山，司机按了一声喇叭，经4 s后听到回声，求：（设$v_{空}$=340 m/s）

（1）声音在空气中传播的距离；
（2）汽车从按了喇叭到听到回声行驶的距离；
（3）汽车鸣笛时与前面高山的距离。

B组

1. 下列有关声现象的说法，不正确的是（　　）。
A. 合理利用噪声可以控制植物提前或推迟发芽，以此来除掉杂草
B. 用手指在同一根琴弦的不同位置按压，可以弹奏出音调不同的声音
C. 超声波可以粉碎结石，说明声音具有能量
D. 吉他声是由琴弦的振动产生的，并能像光一样在真空中进行传播

2. 关于声学的下列数据中，正确的是（　　）。
A. 声音在真空中传播的速度是340 m/s
B. 为了保持安静的休息环境，周围的声响不应超过50 dB
C. 人发出声音的频率为40~1300 Hz
D. 人能听到的声音频率为20~2000 Hz

3. 某人向一口枯井的井底大喊一声，经1.2 s后听到了回声。已知井的深度是201 m，由此测得声音在井中（空气）的传播速度是（　　）。
A. 331 m/s　　　B. 346 m/s　　　C. 340 m/s　　　D. 335 m/s

4. 音调、响度、音色是乐音的三种特性，人们常用一些语言来表现音调、响度或音色方面的突出特征。"琴声悦耳动听"主要表现的是声音_____方面的特征；"雷声震耳欲聋"主要反映的是声音_____方面的特征。

5. 你非常熟悉的电话号码打来，接通后手机中传来陌生人的声音，这就是"魔音手机"的一种功能，把声音变成"男生""女生""小孩"声等。我们能判断这些声音主要是依据_____；接听手机时，手机应尽量贴近人耳，是为了

_____；长时间接打手机可使用耳机，是为了防止_____。

6. 在"大家来学做乐器"的活动中，同学们用日常生活用品分别做了下面的乐器：

（1）如图甲所示，把橡皮筋绷在直尺上，用四支铅笔垫起。左手依次按住A、B、C、D四点，右手用相同的力弹各点右边的橡皮筋，声音的音调将变_____。

（2）如图乙所示，把吸管剪成不同长度，用透明胶捆绑在一起，若从左向右吹，声音的音调将变_____。

（3）如图丙所示，把一根吸管打四个小孔，从吸管的左边吹气，将四个小孔按住后，依次松开"4""3""2""1"小孔，声音的音调将变_____。

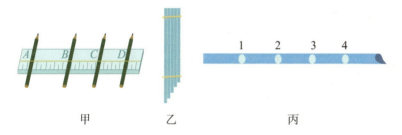

甲　　乙　　丙

7. 如图所示，甲、乙、丙、丁四个相同的玻璃瓶里分别装有水，水面高度不同，用嘴贴着瓶口吹气，会发出不同的声音。由此现象回答下列问题：

（1）如果能分别吹出"do①""re②""mi③""fa④"四个音阶，请说出与这四个音阶相对应的瓶子的序号。

（2）四个瓶子为什么会发出不同的声音?

（3）应用上述实验的结论，说说吹笛子时用手堵住笛孔能产生不同声音的道理。

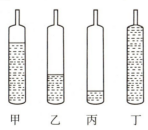

甲　乙　丙　丁

第 2 章 光现象

■ 引言 Introduction

南宋林景熙的《蜃说》中曾言到:"海中忽涌数山,皆昔未尝有。父老观以为甚异……第见沧溟浩渺中,蠢如奇峰,联如叠巘,列如崒岫,隐见不常。移时,城郭台榭,骤变欻起,如众大之区,数十万家,鱼鳞相比,中有浮图老子之宫,三门嵯峨,钟鼓楼翼其左右,檐牙历历,极公输巧不能过。又移时,或立如人,或散若兽,或列若旌旗之饰,瓮盎之器,诡异万千。日近晡,冉冉漫灭。向之有者安在?而海自若也。"

关于海市蜃楼的记载和描绘还有很多,古代传说中常常将其与神仙相联系,而通过本章的学习,我们将揭开海市蜃楼的神秘面纱。

2.1 光的传播

宇宙中，太阳不停地燃烧，给地球带来光和热；城市中，五彩缤纷的霓虹灯照亮漆黑的夜空；深海中，水母、灯笼鱼等发出幽暗的光，增加了海底的神秘。像太阳、霓虹灯、水母等（图2.1），能够自行发光的物体叫作光源（light source）。其中，太阳、水母这类自然界中的光源称为自然光源，霓虹灯称为人造光源。现代社会中的人造光源还有很多。

太阳、霓虹灯、水母 | 图2.1

Experiment 趣味实验

将高脚杯放入空玻璃杯中，往玻璃杯中倒入色拉油，会发现高脚杯浸在色拉油液面以下的部分不见了。往玻璃杯中加入水，会发现高脚杯在水中的轮廓却清晰可见。这是为什么呢？

第 2 章 光现象

Experiment
实 验

用一只激光笔从玻璃砖的侧边将光射入，观察光在玻璃砖中的传播路径；在装有水的玻璃槽中滴入几滴红墨水，用激光笔将一束光射入，观察光在水中的传播路径。

2.1.1　光的直线传播

当一束光照进窗户时，通过空气中的尘埃，可以看到光束是直的（图2.2）；电影院里放映机射出的光束也是直的；当你站在太阳下时，会在地上看到自己的影子。这些现象均说明，光在空气中是沿直线传播的。那么，光在其他物质中是否也沿直线传播呢？

光在空气中沿直线传播 | 图 2.2

实验表明，光在玻璃和水中也是沿直线传播的。空气、玻璃和水等可以作为光传播的介质，光在同种均匀介质中沿直线传播。科学家在了解了光是如何传播的基础上，发展了光的物理模型，从而对光的本质有了科学的认识。

牛顿在对光进行了多年的研究之后，提出了一个光的模型。他认为，光是由微粒组成的。在光的模型中，用一条带有箭头的直线表示光传播的路径和方向，这样的直线叫作光线（light ray）（图2.3）。不过，牛顿的这个模型并不能解释光的所有性质。这个模型着重于探索光与物质的相互作用。对光的这种研究，称为几何光学。

光沿直线传播，类似砖这一类介质。由于光不能穿过它，就会在后面产生影。因此，现在的工人在粉刷墙面时，经常利用激光，通过光线传播是否受到阻碍来判断墙面是否平直（图2.4）。

→

光线 | 图 2.3

激光准直 | 图 2.4

Experiment 实验

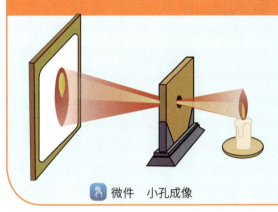

将蜡烛放置在一个带有圆形小孔的挡板前，在挡板的后面放置一块纸板，调整蜡烛的高度，使烛焰的高度与小孔的高度一致，我们可以看到烛焰在纸板上成的像。移动蜡烛或纸板，仔细观察纸板上成像的特点，想一想为什么。如果小孔的形状是方形呢？

微件　小孔成像

2.1.2　光的传播速度

17世纪以前，人们认为光的传播不需要时间，转瞬即至。伽利略首次提出光具有有限速度。他设计了通过测量光传播的时间和距离来测算光速的方法，但由于他的方法不够精确，因而并未成功。1926年，迈克耳孙借助一组可以转动的平面镜（图2.5），成功测算出了光速，并因此成为第一位获得诺贝尔奖的美国人。

与声音不同，光不仅可以在空气等介质中传播，还可以在真空中传播。真空中的光速是宇宙中最快的速度，用符号c表示。国际计量和测量委员会测量并定义了真空中的光速为$c=2.99792\times10^8$ m/s，通常在计算中近似取为$c=3\times10^8$ m/s。按照这个速度，光在一年内可以传播的距离为9.46×10^{12} km，这个距离被称为光年（light-year）。光在空气中的传播速度与真空中的传播速度非常接近，光在水中的传播速度约为$\frac{3}{4}c$，在玻璃中的传播速度约为$\frac{2}{3}c$。

打雷时，雷声和闪电是同时发生的，但由于光的传播速度比声音快得多，所以我们总是先看到闪电，再听见雷声。

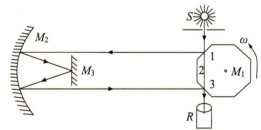

迈克耳孙测量光速示意图｜图2.5

知识拓展

● 本影和半影

路灯下的影子 | 图2.6

如果仔细观察路灯下的影子，你会发现影子中间看起来特别黑暗，而周围稍浅（图2.6），这是由于光的直线传播造成的。特别黑暗的部分叫作本影，周围稍浅的部分叫作半影。本影是指发光体所发出的光被非透明物质所遮挡，在其他物体上所投射的完全黑暗的区域，该区域的光被完全阻挡，而没有任何光到达。本影周围有部分光可以到达的区域，称为半影（图2.7）。

● 日食和月食

日食和月食产生的原因都是光的直线传播。当月球运行到地球和太阳中间时，就有可能发生日食（图2.8）。由于月球和地球运行的轨道都不是正圆，所以日、地、月之间的距离时远时近。当月球位于太阳和地球中间，且距离地球较近时，太阳光被月球遮挡而在地球上形成影子，这个影子可以分为本影和半影两种。日食时，若观测者位于月球的本影范围内，则会看到日全食；若观测者位于半影范围内，则会看到日偏食。而当月球位于太阳和地球中间，但距离地球较远时，月球的本影就无法到达地球，本影延长线在地球上形成的区域称为伪本影，位于伪本影区域的人观测到的是日环食。

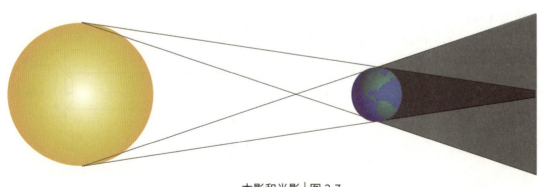

本影和半影 | 图2.7

微件　日食｜图2.8

当月球位于地球的阴影区域时，就会发生月食。当整个月球都位于地球的本影范围内时，则会发生月全食；若月球只有一部分进入地球的本影，则会发生月偏食。月全食和月偏食都是本影月食。有时候月球只处于地球的半影范围内，此时发生的是半影月食（图2.9）。由于地球的半影区阳光仍非常强烈，因此半影月食发生时，只是月球表面的亮度减弱，肉眼较难观测。因此一般发生月食时，月球大都位于地球本影范围内，此时太阳、地球和月亮几乎位于一条直线上。

微件　半影月食｜图2.9

第2章　光现象

Science Scope
科学视野

埃德温·哈勃

科学家已经测量出太阳到地球的距离约为1.5亿千米,这个距离,光需要8分钟才能到达,也就是说,我们现在看到的太阳其实是8分钟前的太阳。如果此时太阳熄灭了,地球上的人要8分钟之后才能知道,是不是很奇妙?据此可以理解,我们在夜晚抬头仰望星空,看到的星星可能是几亿年前的星星。

关于宇宙的诞生,目前被普遍接受的说法是大爆炸理论。该理论认为宇宙开始于一个密度无限大、体积无限小的奇点,这个奇点由于未知原因爆炸膨胀而形成宇宙。宇宙诞生至今已130亿年,而目前的可观测宇宙是470亿光年,这是为什么呢?1929年,埃德温·哈勃有了一个重大的发现。他观察到当时大部分星系的光谱都出现了红移,这表明这些星系在向着远离地球的方向运动。同时通过观测发现,星系离地球的距离越远,远离的速度就越快。因此所以并得出结论:宇宙正在膨胀。同时,科学家认为,在宇宙膨胀的过程中,每一点都在远离其他点,所以并不存在"宇宙中心"一说。因此,我们所观察到的星系发出的光,是这个星系在不知道多少亿年前发出的,而当我们观察到它们时,这些星系由于宇宙膨胀,早已不在当初的位置。这就是为什么宇宙诞生只有130亿年,而可观测宇宙却有470亿光年。由于许多类星体距离遥远,发出的光需要很长时间才能到达地球,因此天文学家观察到的类星体其实是它们很久以前的情况。这意味着从理论上来说,我们有可能能够观察到原始宇宙的样子,了解宇宙爆炸之初的情况,为天文学家研究宇宙自身的起源和演化提供重要线索。

习题 Exercises

A组

1. 下列光现象与日食的形成原因不同的是（　　）。

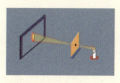 

A. 小孔成像　　　　　B. 雨后彩虹

C. 手影游戏　　　　　D. 树下阴影

2. "天狗食月"（月食）现象可能发生在我国下列哪个传统节日？（　　）

A. 春节　　　　　　　B. 端午节
C. 重阳节　　　　　　D. 中秋节

3. 下列物体中属于光源的是（　　）。

A. 放映中的投影仪屏幕

B. 明亮刺眼的玻璃幕墙

C. 播放节目的电子大屏幕

D. 正月十五皎洁的满月

4. 小明同学利用如图所示的装置做小孔成像实验。他将饮料罐的前端开了一个很小的三角形小孔，后端开口，并蒙上半透明的纸。他把小孔对着烛焰，则在半透明纸上看到的是（　　）。

A. 圆形光斑　　　B. 蜡烛的正立像
C. 三角形光斑　　D. 蜡烛的倒立像

5. 下列选项中不能说明"光的直线传播"的是（　　）。

A. 森林里树枝间的光柱
B. 激光测距仪
C. 木工检查木料是否平直
D. 排队看齐

6. 如图所示，在开运动时，请你做终点计时员，你是看发令员的枪冒烟开始计时，还是听到枪声开始计时？（　　）

A. 看枪冒烟，因为烟雾看得清
B. 听到枪声，因为枪声听得清
C. 看枪冒烟，因为光速比声速大得多
D. 看枪冒烟，因为光的传播不需要时间

7. 2018年1月22日21时25分，我国科学家向月面反射器阿波罗15号发射激光脉冲信号，经过2.58 s收到回波信号，首次成功实现月球激光测距，则我国科学家测出的地月间距离为_____km。（光在真空或空气中的传播速度为$3×10^8$ m/s）

8. 在"信息高速公路"上，信息是以光速传播的，若宝鸡到西安的传输距离为180 km，通过"信息高速公路"，宝鸡接收到从西安发出的信息需_____s。

B组

1. 早在两千多年前，墨子就在《墨经》中记录了小孔成像现象。关于如图所示的小孔成像实验，下列说法正确的是（　　）。

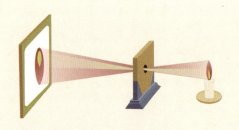

A. 烛焰经小孔成正立的像

B. 蜡烛燃烧不断缩短，烛焰的像向下移动

C. 蜡烛靠近小孔烛焰的像大小不变

D. 只将小孔由圆形改为三角形，像的形状不变

2. 在探究树荫下光斑的综合实践活动中，为了研究孔的大小对光斑形状的影响，小华设计了四种开有不同形状孔的卡片甲，并用另一张卡片乙覆盖在甲上，如图所示。接着，从图示位置沿箭头方向水平移动乙，观察光斑形状的变化情况。下列合乎要求的是（　　）。

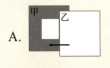 

3. 2018年1月31日（农历腊月十五），时隔152年的"超级蓝血月全食"（即超级月亮、蓝月亮、红月亮三月合一）的天文奇观再次横空出世，引众人举头望月。如图所示是地球绕日公转示意图，下列说法错误的是（　　）。

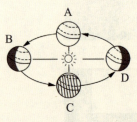

A. 当天的月相为满月

B. 月亮"超级大"是由于当天月球离地球较近

C. 当天地球位置位于A、D之间

D. 当天奇观发生时,地月、地日连线基本相互垂直

4. 如图所示是迈克尔孙用转动八面镜法测光速的实验示意图,图中P为

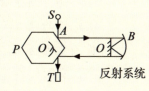

可旋转的八面镜,S为发光点,T是望远镜,平面镜O与凹面镜B构成了反射系统。八面镜距反射系统的距离为AB=L(L可长达几十千米),且远大于OB以及S和T到八面镜的距离。现使八面镜转动起来,并缓慢增大其转速,当每秒转动次数达到n_0时,恰能在望远镜中第一次看见发光点S,由此迈克尔孙测出光速。以下分析正确的是(　　)。

A. 第一次光从A点开始经一系列的反射再到达望远镜所用的时间为 $t=\dfrac{1}{4n_0}$

B. 八面镜从图示位置转四分之一圈过程中,能在望远镜中看见四次发光点S

C. 测出光速$c=16Ln_0$

D. 如果改八面镜为六面镜,且六面镜距反射系统的距离为$AB=\dfrac{L}{4}$,缓慢增大其转速,当每秒转动次数达到$\dfrac{16n_0}{9}$,六面镜从图示位置转六分之一圈时,恰能在望远镜中第一次看见发光点S

5. 我们总是先看见闪电后听到雷声,说明空气中光速比声速_____。雷雨交加的夜里,小明同学看到闪电后约5 s听到雷声,则小明距雷电产生的地方大约_____km。

6. 据天文观测,室女座一类星体向外喷射出超光速喷流,震惊科学界,近期谜底揭开,"超光速"只是一种观测假象。如图所示,喷流用6年时间从A点喷射

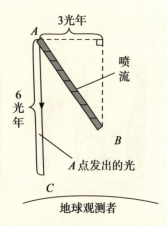

到5光年远处的B点,其喷射的实际速度为_____c,当喷射到达B点时,喷流在A点发出的光已经到达C点位置,此时喷流在B点发出的光才开始传向地球,因观测距离遥远,地球观测者接收到喷流的光时误以为喷流只是在水平方向喷射了3光年,所以观测者测得喷流的速度到达了_____c。(c为光在真空中传播的速度)

7. 如图所示,小明想通过A、B两张纸片上的小孔看见烛焰,他应将烛焰、两个小孔和人眼调

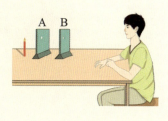

到_____上,这样操作的依据是_____。操作过程中,他还在B纸片上看到了一个烛焰的像,这个像是_____(选填"正立"或"倒立")的。

2.2 光的反射

当你站在哈哈镜前时，常被逗地哈哈大笑（图2.10）。你有时候看起来变得又瘦又高，有时候看起来变得又矮又胖，有时候看起来变得扭曲，有时候明明站在镜子前，却看不到你自己。这是为什么呢？

哈哈镜前的你 | 图 2.10

2.2.1 光的反射定律

我们能够看到太阳，是因为太阳发出的光进入了眼睛；能看到电灯，是因为灯泡发出的光进入了眼睛。那么类似于月球、桌子等不发光的物体，我们为什么也能看到呢？光照射到物体的表面，就会发生反射（reflection）。人或动物能看见不发光的物体，就是因为物体反射的光进入了眼睛（图2.11）。

物体反射的光进入眼睛 | 图 2.11

Experiment 实验

在昏暗的环境中，将一个平面镜放置在水平桌面上，再把一块纸板对折后打开，竖直地放在平面镜上，如图所示。

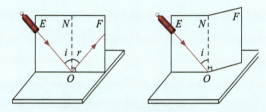

用一支激光笔贴着纸板的一侧以一定角度射向平面镜，使光照在平面镜上的点与折痕和平面镜的交点重合，观察纸板另一侧光的轨迹，用笔描绘出来。

1 移动激光笔，改变光射向平面镜的角度，并保证光照在平面镜上的点始终与折痕和平面镜的交点重合，观察纸板另一侧光轨迹的变化，多做几次实验，分别用不同颜色的笔描绘出光的路径。

2 将纸板向前或向后折，还能在另一侧纸板上看到光吗？

将每组光线与折痕的夹角分别标记为 $\angle i_1$，$\angle r_1$，$\angle i_2$，$\angle r_2$，…，用量角器测量角的度数，填入表格，你发现什么规律了吗？

次数	$\angle i$	$\angle r$
1		
2		
3		

平面镜所在的平面称为反射面，光照在反射面上的点称为入射点，经过入射点垂直于反射面的直线称为法线，射向反射面的光线称为入射光线，反射面反射出来的光线称为反射光线。入射光线与法线的夹角称为入射角，反射光线与法线的夹角称为反射角（图2.12）。根据上面的探究，可以总结出：

在光的反射中，反射光线、入射光线和法线位于同一平面内，反射光线与入射光线分别位于法线两侧；反射角等于入射角。这就是光的反射定律（reflection law）。

在上面的活动中，如果将光线沿着某条反射光线射入，它被反射后就会沿着原来入射光线的方向。这表明光路是可逆的（图2.13）。

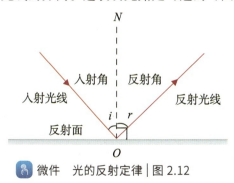

微件 光的反射定律 | 图 2.12   光路可逆 | 图 2.13

第2章 光现象

Experiment
实　验

在黑屋子里的桌子旁打开手电筒，将手电筒的光照向除桌面以外的其他方向。将一块金属板放置在手电筒前方，调整金属板的倾斜角度及方向，使反射的光照在桌面上。再用一块白纸板重复此实验。仔细观察，两次反射的光有何不同？

注意：不要直视手电筒射出的光！

2.2.2　镜面反射和漫反射

古代时，人类就知道通过宁静的水面可以看到倒影，但并不是每次看着水面都能观察到清晰的像。例如，狂风吹过，水面泛起涟漪，这时候就无法看到清晰的像（图2.14），这是为什么呢？

水中的倒影看不清了 | 图2.14

当一束平行光照射到光滑平面上时，光会被平行地反射［图2.15（a）］，这种反射叫作 镜面反射（mirror reflection）。而一个看起来光滑的表面，如果放大很多倍来看，很可能是凹凸不平的。当一束平行光照射到凹凸不平的表面时，由于每一束光都遵循光的反射定律，所以反射光线是朝向四面八方的［图2.15（b）］，这种反射叫作 漫反射（diffuse reflection）。正是由于有了漫反射，我们才能在不同方向上看到不发光的物体。

科普 Popularization of Science

绝对光滑的平面是不存在的，镜面反射中所说的光滑平面是指粗糙程度不超过光的波长尺度的平面。

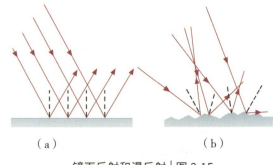

镜面反射和漫反射 | 图2.15

2.2.3 平面镜成像

当你照镜子的时候，你会发现镜子里有另一个你，还会和你做相同的动作。这个镜子里的"你"，就是你的像（image）。

从右侧实验中可以总结出：平面镜所成像的大小与物体的大小相等，像和物体到平面镜的距离相等，像和物体的连线与镜面垂直（图2.16）。也可以表述为：平面镜所成的像与物体关于镜面对称。

Experiment 实验

在一间黑屋子里的桌子上放一张画有标尺的白纸，以标尺中间为零点，如图所示。在零点处竖直放置一块透明玻璃板，在玻璃板的两侧各放一支未点燃的蜡烛。点燃一侧（A）的蜡烛，移动另一侧（B）的蜡烛，使蜡烛与烛焰的像看起来是一个整体，此时蜡烛的位置就是像的位置，记录下该位置，观察像的大小与烛焰的大小之间的关系。移动点燃的蜡烛，重复此实验，将结果填入下表。

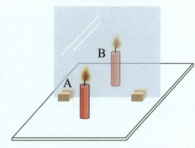

次数	蜡烛到平面镜的距离/cm	烛焰到平面镜的距离/cm	烛焰的像与烛焰之间的关系
1			
2			
3			
4			

从未点燃的蜡烛一侧观察，此时是否能看到烛焰的像？

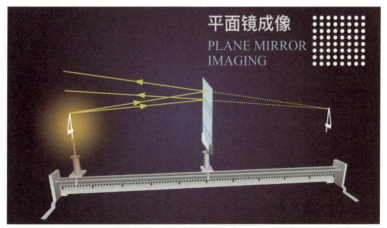

微件　平面镜成像 | 图2.16

> 科普 Popularization of Science

为什么像和物体到平面镜的距离相等?

如图2.17所示,烛焰的顶点O点可以射出无数条光线,我们画出其中的两条OP_1、OP_2,其中OP_1垂直于镜面。根据反射定律画出它们的反射光线,并画出发射光线的反向延长线。由于OP_1是垂直射入的,所以其反射光线的反向延长线依然垂直于镜面。两条反向延长线交于O'点,即为O点的像。根据反射定律及全等三角形,可以推出$OP_1=O'P_1$,即像和物体到平面镜的距离相等。

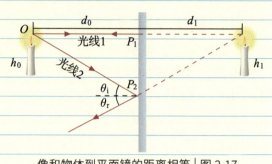

像和物体到平面镜的距离相等 | 图2.17

根据这个方法,你能说出为什么像和物体的大小相同吗?

2.2.4 平面镜所成像的性质

在上面的活动中,我们透过玻璃板能看到蜡烛的烛焰,可是我们转到玻璃板的另一侧时,却看不到烛焰的像了,这是为什么?

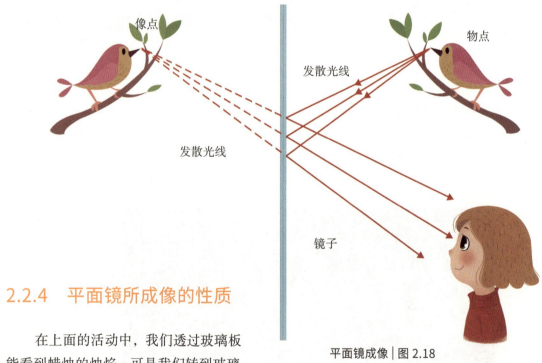

平面镜成像 | 图2.18

如图2.18所示,小鸟作为受照光源,一部分光射入镜面,并发生反射。反射的部分光射入人眼中,引起视觉。由于光是沿直线传播的,因此在人眼看来,光是沿着图中所

照镜子好像左右颠倒了 | 图 2.19

示的虚线路径射入眼中的。也就是说，人会感觉射入眼睛的光是来自镜面后的一点，这一点就是像点。反射光产生的像点的组合，就形成了光源的像。由于镜面后并不存在光源，因此这一类由发散光线形成的像称为 虚像（virtual image）。平面镜所成的像就是虚像。

每个人都有这样的经验：当在镜子前倒立时，镜子里的像也是倒立的，但是当举起左手时，镜子里的像看起来却是举起了右手。镜子似乎把左右颠倒了，但上下却没有变化。而当我们站在湖边时，会发现湖边的山脉在水中的倒影变成了上下颠倒，左右却没有变化，这是为什么呢？实际上，平面镜并没有颠倒左右或上下，而是颠倒了前后。图2.19所示的镜子只是使男孩本人面对的方向与像面对的方向发生了颠倒，即前后发生了颠倒。图2.20所示的山脉在水中的倒影看起来像是上下颠倒了，但实际上它是前后颠倒的，只是由于作为镜面的水面是水平的，而不是竖直的。如果将书本逆时针旋转，你会发现照片中的山脉变成了左右颠倒。所以，发生改变的只是我们的视角。

倒影好像上下颠倒了 | 图 2.20

2.2.5 实像和虚像

平面镜所成的像并非光的实际会聚点，因此是虚像，虚像无法用光屏承接。在上一节的学习中，我们知道小孔成像实际上是光会聚而成的，如果把光屏放在像的位置，确实能够看到清晰的像，这种像称为 实像（real image）（图2.21）。

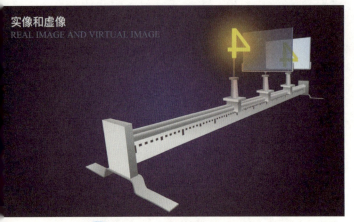

微件　实像和虚像 | 图 2.21

2.2.6　平面镜的应用

平面镜的应用历史悠久，古人就有"对镜贴花黄"之说。平面镜在各行各业都有应用。在挖井、掘山洞时可以利用平面镜将阳光反射到作业区照明，早期军事上的潜望镜也是利用两块互相平行的平面镜构成的（图2.22）。现在很多高楼大厦都用平面镜来装饰外墙，但是由于平面镜的镜面光滑，光照在上面时发生镜面反射，造成了很严重的"光污染"。

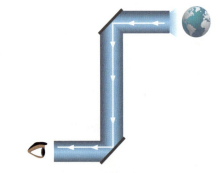

早期潜望镜 | 图 2.22

知识拓展

● 球面镜

在车库里的转弯处，总能看到悬挂着的广角镜，用来消除视线盲区，方便司机观察其他道路上的来车。如果仔细观察就会发现，这些镜子的表面并不是平的，这一类反射面是球面的一部分的反射镜，叫作球面镜。其中，反射面是球面内表面的叫作凹面镜，反射面是球面外表面的叫作凸面镜。

如图2.23所示，球面镜的镜面的中心点称为球面镜的顶点，球面的球心称为镜面中心，镜面中心到镜面的距离叫作曲率半径，用r表示，通过顶点和镜面中心的直线称为主轴，主轴垂直平分球面镜。

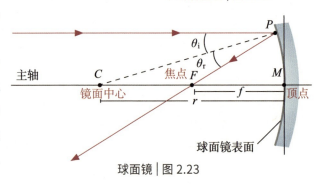

球面镜 | 图 2.23

Experiment 实验

用几只激光笔制作一组平行光。

让平行光平行射向凸面镜，观察反射光线的方向。

让平行光平行射向凹面镜，观察反射光线的方向。

微件　曲面镜对光线的作用

实验表明，平行于主轴射向凸面镜的平行光，经过凸面镜反射后成为发散光，因此凸面镜对光有发散作用；平行于主轴射向凹面镜的平行光，经过凹面镜反射后则成为会聚光，因此凹面镜对光有会聚作用。

2.2.7　球面镜成像

通过上面的实验可以观察到，当平行光束平行射向凹面镜时，反射光会聚于一点，这一点称为凹面镜的 焦点（focus），焦点到镜面的距离称为 焦距（focal length），用 f 表示。凸面镜对光有发散作用，反射光并不会会聚，但是反射光的反向延长线会会聚于镜面后一点，因此凸面镜的焦点是虚焦点。凹面镜的焦点是实焦点。

如图2.24所示，放置在凹面镜前的蜡烛的烛焰，其上某一点 A 向周围发出光，部分射到凹面镜上的光经反射后都会聚于某一点 A'，该点就是光源上 A 点的像。与平面镜所成的像不同，曲面镜所成的像不仅位置会发生变化，大小和方向也会不同。通过作图法可以确定成像的位置。

前面已经学过平面镜成像的原理，凸面镜对光具有发散作用，反射光并不会会聚于一点，但是其反向延长线将会聚于镜面后一点，当光射入人眼时，感觉是从镜后一点射出的，因此凸面镜所成的像是虚像（图2.25）。

球面镜成像规律如表2.1所示。

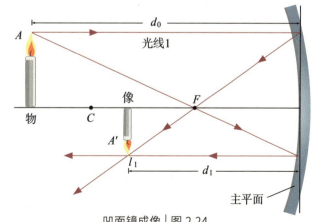

凹面镜成像 | 图2.24

表 2.1　球面镜成像规律

面镜	物体到面镜的距离（u）	像到面镜的距离（v）	像的大小	像的虚实
凹面镜	$u>r$	$r>v>f$	缩小、倒立	实像
	$r>u>f$	$v>r$	放大、倒立	实像
	$f>u>0$	$|v|>u$	放大	虚像
凸面镜	$u>0$	$|f|>|v|>0$	缩小	虚像

微件　凸面镜成像 | 图 2.25

2.2.8　球面镜的应用

球面镜的应用非常广泛（图2.26）。手电筒、探照灯的反光镜就是凹面镜，由凹面镜制成的太阳灶可以利用太阳光烧水、煮饭，既节约能源，又没有污染。汽车的后视镜、路口的反光镜等都是凸面镜。

常见的球面镜 | 图 2.26

习题 Exercises

A组

1. 下列是观察对岸的树木在水中倒影的光路图，其中正确的是（　　）。

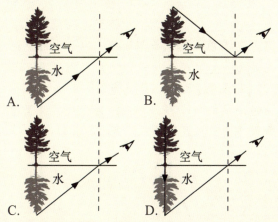

2. 下图是"探究平面镜成像特点"的实验装置。关于该实验，下列说法错误的是（　　）。

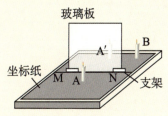

A. 该实验应该选用较薄的玻璃板

B. 该实验选用两个等大的蜡烛是为了比较像与物的大小

C. 通过该实验得出的结论是像的大小随物距的变化而改变

D. 实验中测量两只蜡烛到玻璃板的距离，是为了比较像与物体到镜面的距离

3. 小阳想利用一块平面镜使射向井口的太阳光（入射光线）竖直射入井中，如图甲所示；他通过正确的作图方法标出了平面镜的位置，如图乙所示。下列关于小阳作图的先后顺序正确的是（　　）。

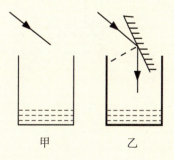

A. 平面镜、反射光线、法线

B. 反射光线、法线、平面镜

C. 法线、反射光线、平面镜

D. 反射光线、平面镜、法线

4. 如图所示，晚上时在桌面上铺一张白张，把一小块平面镜平放在纸上，让手电筒的光正对着平面镜照射，从侧面看，则（　　）。

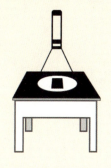

A. 镜子比较暗，它发生了镜面反射

B. 白纸比较暗，它发生了漫反射

C. 镜子比较亮，它发生了镜面反射

D. 白纸比较亮，它发生了镜面反射

5. 如图所示，某人站在木架上，眼睛P正下方的地面上有一光源S，眼睛到地面的高度为3 m，现在人面前2 m处竖直立一块平面镜MN。根据平面镜成像特点，作出光源S发出光经平面镜反射到达人眼的光路图，并求出光源S发出光经平面镜反射到达人眼所走过的路程为_____ m。

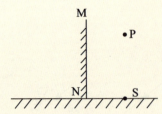

6. 若小芳站在竖起的穿衣镜前 5 m 处，小芳的身高为 1.65 m，则小芳的像与镜的距离为_____m，小芳的像高为_____m；若小芳向镜移动 3 m 后，小芳与镜中的像的距离为_____m，此时像的大小_____（选填"变大"、"变小"或"不变"）。现将一

块和镜面一样大的木板放在镜子后面 1 m 处，如图所示，这时她_____（选填"仍能"或"不能"）在镜中看到自己的像。

7. 在山区道路急转弯处，都安装有一面大的凸面镜，因为凸面镜的反射光是_____的，可以扩大视野；探照灯、射灯、汽车前大灯都是凹面镜，因为它的反射光是_____。

8. 如图所示，S 是发光点，S' 是其在平面镜中成的像，SP 是一条入射光线，请画出平面镜的位置及该条入射光线的反射光线。

B 组

1. 下面是晚上汽车在干燥的沥青路面和潮湿的沥青路面上行驶时大灯部分光路的简图，则在晚上开车时，（　　）。

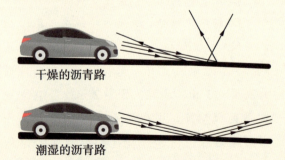

A. 潮湿的路面更容易发生光漫反射
B. 干燥的路面发生光的镜面反射
C. 对面无车时，驾驶员看潮湿的路面更暗
D. 照射到干燥路面上的光不遵循光的反射定律

2. 在雨后的夜晚走路时，为防止脚踩到水汪塘而溅污衣裤，下列判断中正确的是（　　）。

A. 迎着月光走，地上发亮处是水汪塘；背着月光走，地上暗处是水汪塘
B. 迎着月光走，地上暗处是水汪塘；背着月光走，地上发亮处是水汪塘
C. 迎着或背着月光走，都应是地上发亮处是水汪塘

D. 迎着或背着月光走，都应是地上发暗处是水汪塘

3. 如图所示，一只大熊猫正抱着一根竹子在镜前欣赏自己的像。此时，镜子从中间裂成两半，并前后移动一段距离，则熊猫看到的像（　　）。

图1　　　　　　图2

A. 不能成像

B. 成两个半像，合起后为完整的像

C. 成一个像

D. 成两个完整的像

4. 如图所示，在"探究平面镜成像特点"的实验中，小明在水平桌面上铺一张白纸，在白纸上竖直放置一块薄平

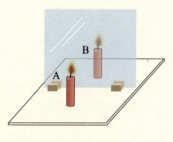

板玻璃，在玻璃板前放一只点燃的红色蜡烛A，再另取一只未点燃的红色蜡烛B放在成像处，则下列说法正确的是（　　）。

A. 红色蜡烛看上去是红色的，是由于它吸收红光，反射其他色光造成的

B. 能看到玻璃板后面的蜡烛B，是光的反射造成的

C. 用纸板可以承接到蜡烛A的像

D. 物体在平面镜中所成像的大小取决于物体的大小

5. 物理就在我们的日常生活中。如图所示，其中利用合理的是（　　）。

A. 驾驶员从汽车的后视镜中看到的车后实物变小，观察范围更大

B. 驾驶员从汽车的后视镜中看到实物是利用光的折射原理

C. 汽车的后视镜能成正立、放大的虚像

D. 汽车的后视镜实质上是利用平面镜成像原理工作的

6. "猴子捞月"的故事同学们耳熟能详，如图所示，若猴子的眼睛用点A表示，空中的月亮用点B表示，请画出猴子看见水中月亮的光路图，并保留必要的作图痕迹。

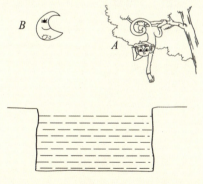

7. 凹面镜对光线的作用如图甲所示，请在

图乙上画出物体AB经过凹面镜所成的像A_1B_1。

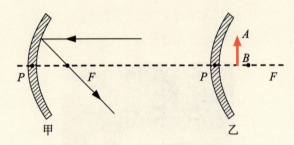

8. 小马发现金属图钉的光亮表面可以看作一种称作凸面镜的光学镜，于是他对凸面镜进行了如下探究：

（1）他用多支激光手电筒正对着一只凸面镜照射时，情况如图所示，可见凸面镜对光线有_____（填"会聚"或"发散"）作用。

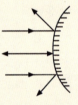

（2）小马设计如下方案研究凸面镜成的像：

① 器材：透明弧形（球冠形）玻璃、光屏、长短不同的多支蜡烛、光具座。

② 步骤：在光具座上，在透明弧形玻璃前某位置放一支点燃的蜡烛，先用光屏进行像的承接，然后选择另一支与这个像长短_____的蜡烛，放在玻璃后面，与像的位置_____。改变蜡烛的位置做多次实验。

③ 实验记录如下：

蜡烛到弧形玻璃的距离	光屏上的像	玻璃后的像	
很近	无	缩小	正立
较远	无	缩小	正立
很远	无	缩小	正立

（3）小马得出结论：凸面镜只能成_____、_____的_____像。

（4）日常生活中能看到的凸面镜有金属图钉、_____。凸面镜的主要优点是：相同面积的凸面镜比平面镜观察到的范围_____。

（5）面镜中除了凸面镜和平面镜外，还有_____，它对光线有_____作用。例如，生活中的_____属于它的应用。

9. 为了保证交通安全，某一急转弯路旁放置了一块凸面镜。若有一辆高2 m的汽车恰好行驶到凸面镜正前方5 m的位置，求此时该车在反光镜中所成像的位置、高度及性质。已知凸面镜的焦距是1 m。

2.3 光的折射

如图2.27所示，先将一枚硬币放在碗底，再将碗后退至刚好看不到这枚硬币为止。最后，往碗里缓慢加水，会发现硬币又逐渐露了出来。这是为什么呢？

视频　神奇的硬币｜图2.27

2.3.1 光的折射现象及规律

我们说光在同一种均匀介质中沿直线传播，那么如果光从一种介质射入另一种介质会发生什么情况呢？

从实验中可以看出，当光从空气斜射入水中时，传播方向发生了偏折，这种现象叫作光的折射（refraction）。如图2.28所示，经过入射点且垂直于水面的直线为法线，入射光线与法线的夹角叫作入射角，射入水中经过折射的光线叫作折射光线，折射光线与法线的夹角叫作折射角。

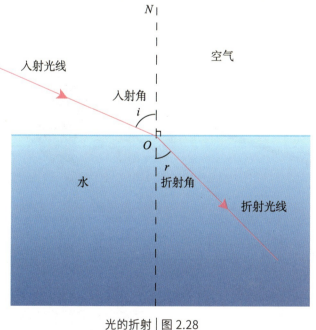

光的折射｜图2.28

Experiment 实验

1. 利用激光笔将一束光从空气射入水中，观察光的行径路线。改变光射入的角度，观察光在水中的传播方向。

2. 利用激光笔将一束光从水射入空气中，观察光的行径路线。改变光射入的角度，观察光在空气中的传播方向。

光从空气进入水中之后，传播方向是否发生了偏折？向哪个方向偏折？从水中进入空气呢？

折射率 | 图 2.29

光从空气斜射入水中或其他介质中时，折射光线向法线偏折，折射角小于入射角。当入射角增大时，折射角也增大。当光垂直于两种介质的界面时，光的传播方向不发生变化。

如果让光逆着原先折射光线的方向射出，会发现折射光线也逆着原先入射光线的方向。也就是说，光的折射现象中，光路是可逆的。

对于两种介质来说，光在其中传播速度较大的介质称为光疏介质，光在其中传播速度较小的介质称为光密介质。通过上面的实验可以发现，光从光疏介质斜射入光密介质时，折射角小于入射角。1621年，斯涅耳发现，当光从空气进入透明介质时，入射角和折射角两者的正弦存在以下关系：$\dfrac{\sin i}{\sin r} = n$。其中，$n$ 是一个常数，其大小与介质有关，而与入射角度无关；它是反映介质光学性质的物理量，称为折射率（index of refraction）（图2.29）。光从真空斜射入某种介质的折射率叫作这种介质的折射率，它等于光在真空中的传播速度与光在这种介质中的传播速度之比。黄光在一些介质中的折射率如表2.2所示。

表 2.2 黄光在一些介质中的折射率

介质	真空	空气	水	玻璃	石英	乙醇	钻石
n	1.00	1.0003	1.33	1.62	1.54	1.36	2.42

2.3.2 生活中的折射现象

用光的折射现象可以解释本节开始时提出的问题：为什么加水后可以看到原先看不到的硬币？

硬币反射的光经分界面时发生折射，折射光远离法线向下偏折，射入人眼，所以又看到了硬币，人的眼睛会认为硬币在折射光的反向延长线上，其实人看到的是硬币的虚像。在水面上观察到的物体的位置总比实际的要高些，因而有经验的渔民都知道，只有瞄准鱼的下方才能叉到鱼。

本章开篇提到的海市蜃楼的产生，也可以用光的折射来解释。

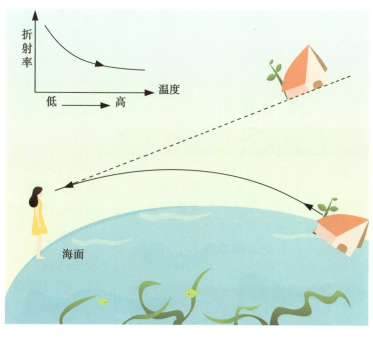

海市蜃楼的成因 | 图 2.30

海市蜃楼多发生在夏季或炎热的地方。在光的传播过程中，如果传播介质疏密不均，光就不会沿直线传播，而是发生偏折。如图2.30所示，在夏季的海面上，由于空气较热，但是海水比较凉，因此海面附近的空气温度会低于上层的空气温度。根据热胀冷缩原理，上层的空气密度就要比海面附近的空气密度小。来自地平线以下远处物体的光本来不能到达我们的眼中，但是其射向空中的光由于空气密度变化而发生了折射，逐渐弯向地面，进入人眼，而人的直觉仍然是认为光沿直线传播。这就是海市蜃楼的成因。

红月亮 | 图 2.31

科普 Popularization of Science

2018年1月，中国地区出现了月全食和红月亮两者一体的月亮。月食时，为什么会有红月亮产生？其原因就是折射。当地球位于太阳和月球之间时，就会发生月食。既然地球是个不透明的球体，那么此时月球应该是全黑的。然而事实上，光经过地球大气时会发生偏折，使得部分光射向月球。地球散射了大部分的蓝光和绿光，所以照射到月球的几乎都是红光。而月球对各种波长的光的反射程度大体相同，因此会把红光反射回来，所以月球看起来是红色的（图2.31）。

Experiment 实验

将一个玻璃三棱镜对准太阳光，调整三棱镜的角度，使折射的光照射在墙上或地上，观察三棱镜折射出的光有什么特点。

微件　光的色散

2.3.3　光的色散

17世纪以前，人们一直认为白色是最单纯的颜色，直到1666年，牛顿将一束太阳光通过玻璃三棱镜后，发现了很多不同的色光，由此揭开了光的颜色之谜。牛顿把这种按次序排列的色光称为光谱。

白光经过三棱镜后被分解成各种颜色的光，这种现象叫作光的色散（dispersion）。如果用白屏来承接，就会在白屏上形成一条彩色的光带，颜色依次为红、橙、黄、绿、蓝、靛、紫。这说明白光是由彩色光组成的。仔细观察会发现紫光比红光弯折得更多，正是由于不同色光的弯折程度不同，导致白光分解成了各种色光从而形成光谱。这也揭示了不同波长的光与物质的相互作用方式是不同的。不能再分解的光叫作单色光，由单色光混合而成的光叫作复色光。

棱镜不是唯一能色散光的工具，大气中的水滴也可以使太阳光发生色散，形成光谱，这就是彩虹（图2.32）。如图2.33所示，阳光进入水滴时发生折射，被色散的光在内表面发生反射，射出水滴时再一次被折射。每个水滴都能形成完整的光谱，但当观察者在特定位置时，只能从每个水滴中看到某些波长的光。

彩虹 | 图 2.32

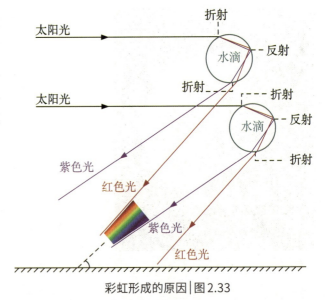

彩虹形成的原因 | 图 2.33

2.3.4 色光的混合

人们发现，把红、绿、蓝三种色光按不同比例混合后，可以产生各种颜色的光，例如三种色光等量混合后会形成白色。这种色光的混合就是彩色电视机的工作原理。由于红、绿、蓝这三种颜色无法再分解，故我们把它们称为光的三原色，其他由原色混合产生的颜色称为合成色。由图2.34可以看出，黄光和蓝光按一定比例混合后形成白光，因此这两种色光称为互补色。

微件　色光的混合 | 图 2.34

2.3.5 物体的颜色

现在你应该能理解为什么大多数树叶都是绿色的了［图2.35（a）］。这是因为叶片中含有两种叶绿素，一种吸收红光，另一种吸收蓝光，而两者都反射绿光，因此我们看到的是绿色。黄色的原料由于吸收蓝光，反射红光和绿光，所以看到的是黄色。而类似于玻璃等透明物体的颜色则恰好相反，是由它能透过的光的颜色决定的［图2.35（b）］。例如，蓝色玻璃是由于吸收了红光和绿光，而允许蓝色光透过，所以看起来是蓝色的。

（a）　（b）

物体的颜色 | 图 2.35

2.3.6 看不见的光

把太阳光经过棱镜色散后的色光按照顺序排列，就形成了太阳光的可见光光谱（图2.36）。

太阳光的可见光光谱 | 图 2.36

太阳的能量以光的形式辐射到地球上，虽然地球所接收到的太阳辐射能量仅为太阳向宇宙空间放射的总辐射能量的二十二亿分之一，但它却是地球光热能的主要来源。英国科学家赫歇尔将太阳光用棱镜分解之后，在各种不同颜色的光带位置上放置了灵敏度很高的温度计，试图测量各种色光的加热效应。结果发现每种色光处都能检测到温度的上升，而位于红光外侧的那支温度计升温最快。这说明红光之外也有能量辐射，只不过人眼看不见。我们把红光之外的辐射叫作红外线（infrared ray）。

红外线产生的效应是热效应，它在医学、军事、日常生活中都有广泛的应用。人体所产生的热射线平均温度约为40 ℃，当人体生病时，局部的温度会升高，如果用装了对红外线敏感的胶片的相机拍照，就可以显示出有问题的部位，有助于诊断疾病（图2.37）。红外线夜视仪也是根据这个原理制成的。监控设备、电视机遥控器、宾馆的门卡等，都有红外线的影子。

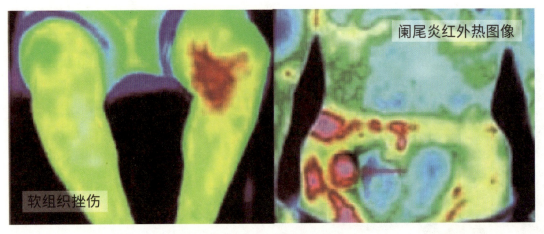

用红外胶片拍摄的"热谱图" | 图 2.37

既然红光之外有红外线，那么紫光之外是否也有类似的光呢？赫歇尔的发现引起了德国物理学家里特的兴趣，他坚信物理学事物具有两极对称性，既然红光之外有看不见的光线，那么紫光之外一定也有。他通过实验得出结论：紫光之外也存在一种看不见的光线，里特将其称为"去氧射线"，也就是我们所说的紫外线（ultraviolet ray）。紫外线和人类的生活也有密切联系。各种荧光灯、诱杀害虫的"黑光灯"都是由紫外线激发荧光物质发光的，紫外线还可以用来防伪、杀菌、消毒、脱臭、治疗皮肤病、生物诱变育种等，它对骨骼的生长也有好处。但是过量的紫外线照射对人体有害。例如，紫外线强烈作用于皮肤时，轻则出现红斑、痒、水疱等症状，严重的会引起皮肤癌；作用于中枢神经系统时，会出现头痛、头晕等症状。

知识拓展

● 全反射

根据折射定律，光进入折射率较小的介质，例如从空气射入水中时，折射角总是大于入射角，如果入射角不断增大，折射角也会相应增大。这就会导致当入射角增大到某个角度时，折射光线将沿着两种介质的交界面行进，如图2.38所示，这个入射角称为临界角（critical angle）。根据折射率的计算公式可以得出任何边界的临界角：$\sin\theta = \dfrac{n_2}{n_1}$。当光从折射率较高的介质射向折射率较低的介质时，若入射角大于临界角，那么所有的光都将反射回折射率较高的介质中，称之为全反射。

临界角 | 图2.38

全反射会引发一些有趣的现象。例如当你站在池边时，如果有一名游泳者位于池对面的近水面下，由于被他身体反射的光经过水面时发生全反射，因此你有可能看不到他。根据全反射原理制成的光导纤维，在医疗和通信上有着广泛的应用。光导纤维是一种直径通常只有100 μm的玻璃丝，由内芯和外套两层组成（图2.39）。光线射入后，总是以大于临界角的入射角射向光导纤维的内表面，进而发生全反射，所有通过光导纤维传播的光的光强始终保持不变。医学上用来观察人体内脏的内窥镜，也是利用这个原理制成的。

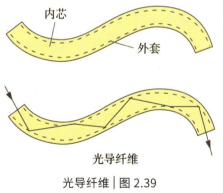

光导纤维 | 图2.39

习题 Exercises

A组

1. 传说乾隆皇帝傍晚在月色下散步,看到江边树上鸟儿栖息,倒影映入水中,水中鱼儿游动,便吟道:"月挂树梢,鱼游枝头鸟宿水。"随后讨对下联,竟无人对出。你认为此联中的(　　)。

A. "鱼"和"鸟"都是光的反射现象
B. "鱼"是折射现象,"鸟"是反射现象
C. "鱼"和"鸟"都是光的折射现象
D. "鱼"是反射现象,"鸟"是折射现象

2. 如图所示,点光源发出的光经玻璃砖后从O点斜射入空气,OA为出射光线,点光源的位置可能是图中的(　　)。

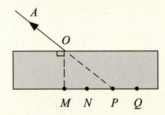

A. M点 B. N点
C. P点 D. Q点

3. 图甲中有一个点光源S,放在平面镜MN前,若平面镜不动,光源以v的速度沿与镜面成45°角的方向向右做匀速直线运动,光源S在镜中的像为S';如图乙所示,烧杯中装有半杯水,一束光线竖直向下照在水面上,保持入射点不变,入射光线顺时针旋转α角。关于这两个情景,下列说法正确的是(　　)。

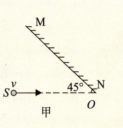 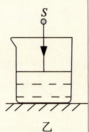

A. 甲图中,S'以速度v沿SO直线方向向右移动

B. 甲图中,S'以速度v沿SS'连线向S移动
C. 乙图中,折射光顺时针旋转,旋转角小于α
D. 乙图中,折射光逆时针旋转,旋转角大于α

4. 当坐在野外的篝火旁时,我们看到篝火后面的物体是晃动的,原因是(　　)。

A. 视觉错误,因为火焰在跳动
B. 火焰加热空气,使空气密度不均匀且不稳定
C. 火焰作为光源在抖动,所以经后面物体反射的光也在晃动
D. 火焰加热了另一边的物体,使它热胀冷缩,所以看到它在晃动

5. 2016年9月4日,G20杭州峰会"最忆是杭州"的文艺演出惊艳了全世界。西湖沿岸和湖中三岛的光绘山水,这些主题灯光秀让杭州从白天一直美到晚上。灯光可以有七色同步、七色渐变、七色追逐等变化……由此可以知道,灯管内至少有(　　)种颜色的光源。

A. 7 B. 5
C. 3 D. 1

6. 中国的历史有多长,中国的茶就有多香。请完成下列关于茶文化中的物理知识。

(1) 绿茶看起来是绿的,是因为茶叶＿＿＿＿(选填"反射"或"吸收")绿光;

(2) 制茶时通过加热使新鲜茶叶中的水分快速＿＿＿＿(填物态变化名称),这便是"杀青";

(3) 茶壶的盖子上有一个小孔,壶中

的水便容易倒出来，这是利用了_____的作用；

（4）突然转动茶杯时，发现水中央的茶叶没动，这是由于茶叶具有_____。

7．在"大漠孤烟直，长河落日圆"的诗句中，诗人观察到的落日并非太阳的实际位置，而是光线经过不均匀大气时发生_____形成的像。如图所示，站在A点的人恰好看到地平线上的太阳，他所看到的太阳的实际位置应是图中的_____（选填"甲"或"乙"）位置。

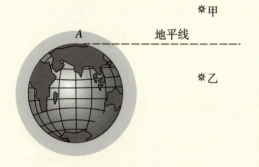

8．如图所示是钓鱼时浮漂立于水面的示意图，A、B是浮漂上的两点，C是眼睛所在的位置，画出人眼看到A、B的光路图。

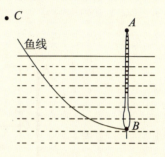

B组

1．现有一个盛有适量水的透明玻璃杯和一支吸管。小明同学将一支吸管斜插入盛有适量水的透明玻璃杯中，透过玻璃杯的侧面俯视水杯，可能看到的是以下哪种情况？（   ）

A.　　　　　　B.

C.　　　　　　D.

2．如图所示，水池的宽度为L，在水池右侧距离池底高度H处有一激光束，水池内无水时恰好在水池的左下角产生一个光斑。已知$L=H$，现向水池内注水，水面匀速上升，则光斑（   ）。

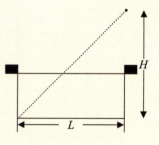

A.匀速向右移动，且移动速度小于水面上升的速度

B.匀速向右移动，且移动速度大于水面上升的速度

C.减速向右移动，但移动速度始终大于水面上升

D. 加速向右移动，但移动速度始终小于水面上升的速度

3. 夜间，点亮的电灯照在桌面上，如果我们看到桌面呈绿色，下列分析不正确的是（　　）。

A. 灯是白色，桌面是绿色
B. 灯和桌面都是绿色
C. 灯是绿色，桌面是白色
D. 灯是蓝色，桌面是黄色

4. 如图所示，将半圆形玻璃砖放在竖直面内，左方有较大的光屏 P，线光源 S 可沿玻璃砖圆弧移动，玻璃砖发出的光束总是射向圆心 O。若 S 从图中 A 向 B 处移动，在 P 上先看到七色光带，之后各色光陆续消失。此七色光带从下到上的排列顺序以及最早消失的光是（　　）。

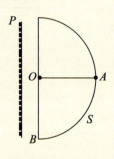

A. 红光→紫光，红光
B. 紫光→红光，红光
C. 红光→紫光，紫光
D. 紫光→红光，紫光

5. 在透明玻璃杯的杯底放一枚硬币，然后倒入一些水。把杯子端到眼睛的高度，然后慢慢下移。当杯子下移到某一位置时，可以看到杯中有大、小两枚硬币。下列说法正确的是（　　）。

A. "大硬币"是光在水面发生折射形成的
B. "小硬币"是光在杯侧壁发生折射形成的
C. "大硬币"在上，"小硬币"在下
D. "大硬币"在下，"小硬币"在上

6. 如图所示，在桌面上有一倒立的玻璃圆锥，其顶点恰好与桌面接触，圆锥的轴（图中虚线）与桌面垂直，过轴线的截面为等边三角形。有一半径为 r 的圆柱形平行光束垂直入射到圆锥的底面上，光束的中心轴与圆锥的轴重合。已知玻璃的折射率为1.5，则光束在桌面上形成的光斑半径为_____，并在图中画出光路图。

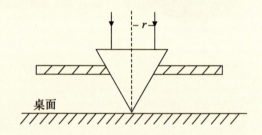

7. 一形状如图所示的玻璃块（横截面）AB 面上镀有水银，一束从 BC 面上入射的光线经玻璃折射和反射后，垂直 AC 面射出，请根据射出的这条光线完成光路图。

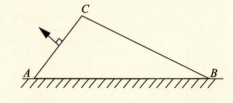

2.4 透镜及其应用

你知道吗？生活中我们常常用眼镜来矫正视力，用望远镜来让自己看得更远，用显微镜来观察微小的事物……这些仪器的主要部件都是透镜（lens）。透镜是最有用的光学器件之一。

2.4.1 透镜的类型

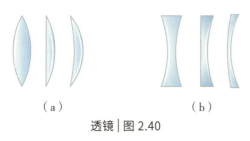

透镜 | 图 2.40

透镜是用透明物质制成的表面为球面一部分的光学元件，透镜是一片透明的材料，有两个表面，至少有一面是球面的一部分。如图2.40（a）所示的这种中间厚、边缘薄的透视叫作凸透镜（convex lens），我们配戴的远视眼镜的镜片就是凸透镜。还有一种透镜是中间薄、边缘厚，如图2.40（b）所示，这种透视称作凹透镜（concave lens），我们配戴的近视眼镜的镜片就是凹透镜。光透过透镜时，在两个面都会发生折射，根据折射定律可以预测光的路径。当透镜的厚度远远小于球面的半径时，此时可以假设所有的折射都发生在通过透镜中心的平面上。这个模型叫作薄透镜模型。在本节中，我们学习的透镜知识都是应用薄透镜模型得到的。

如图2.41所示，通过两个球面的球心的直线称为主光轴，简称主轴。透镜在主轴上有一个特殊的点，通过该点的光传播方向不变，称为光心（optical center）。在薄透镜模型中可以认为透镜的中心即为光心。

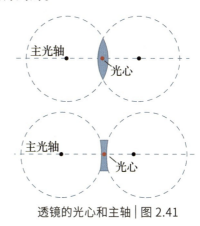

透镜的光心和主轴 | 图 2.41

Experiment 实验

1. 用几只激光笔组成一组平行光。
2. 让平行光平行于凸透镜的主轴射向透镜，观察光经过透镜后的偏折方向。
3. 让平行光平行于凹透镜的主轴射向透镜，观察光经过透镜后的偏折方向。

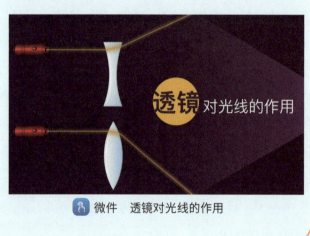

微件　透镜对光线的作用

实验表明，凸透镜对光有会聚作用，凹透镜对光有发散作用。因此，凸透镜又叫会聚透镜，凹透镜又叫发散透镜。

2.4.2　透镜对光的作用

将放大镜对着太阳，再将一张纸放在放大镜的下面，改变放大镜与纸之间的距离，就能在纸上看到大小变化的光斑。放大镜在某一个位置时，光斑会变得又小又亮，长时间照射后，纸还会被烤焦。这个现象告诉我们，放大镜可以将光线会聚到一处。那么其他的透镜呢？

在上面的实验中还可以发现，凸透镜能够将平行于主轴的光线会聚于主轴上的一点，这一点叫作凸透镜的焦点（focus）。凹透镜也有焦点。仔细观察上面的实验会发现，光线经过凹透镜发散后，其反向延长线也会聚于主轴上一点，该点叫作凹透镜的焦点，不过由于凹透镜的焦点并非光线实际会聚的点，而是反向延长线的交点，因此凹透镜的焦点是虚焦点。焦点到光心的距离叫作焦距。透镜的两侧各有一个焦点，两侧的焦距相等。如图2.42所示，F 表示焦点，f 表示焦距，f 越小，凸透镜对光线的会聚作用越强，凹透镜对光线的发散作用越强。

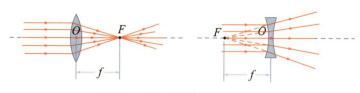

透镜的焦点和焦距 | 图 2.42

Experiment 实验

对于某一凸透镜来说，焦距是固定的。利用凸透镜可以将平行于主轴的平行光线会聚于焦点这一特性，可以测量凸透镜的焦距。将凸透镜对着太阳，并在透镜下方放一张白纸，与透镜平行。透镜上下移动的同时保持主平面与纸面平行，当纸面上的光斑最小最亮时，透镜与纸面之间的距离即为透镜的焦距。

微件　太阳光测量凸透镜的焦距

你还有其他的方法可以测量凸透镜的焦距吗？

2.4.3　凸透镜成像

很多同学都玩过放大镜，都有这样的体会：放大镜离文字比较近时，看到的字是放大的，放大镜逐渐远离，到某一位置时是看不到文字的，再继续增大放大镜与文字之间的距离，透过放大镜看到的又是倒立的文字。由此可见，像的大小、正倒等与物体到透镜的距离有关。那么，具体有什么关系呢？

第 2 章　光现象

Experiment
实　验

探究凸透镜成像规律

由于凸透镜对光的偏折程度与焦距有关，因此在探究凸透镜成像规律时，可以猜测在凸透镜成像时，焦距应该是个可参照的值。例如，我们可以观察物距小于、等于或大于一倍、二倍……焦距时的成像情况。选择蜡烛或灯泡作为光源，将光源、光屏、已知焦距的凸透镜三者按照下图所示的位置摆放在光具座上。

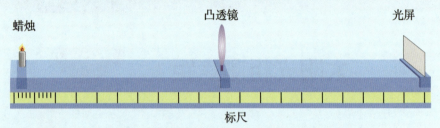

1. 先将光源放在离凸透镜较远处，调整光屏的位置，使光屏上出现清晰的像，观察像的大小、正倒，记录此时光源到凸透镜的距离，即物距（u）和光屏到凸透镜的距离，也就是像距（v）。
2. 将光源向凸透镜移动，重复上面的操作。
3. 继续移动光源，总能在光屏上得到光源的像吗？
4. 假如撤去光屏，从光屏一侧透过凸透镜观察呢？
5. 将观察得到的数据填入下表。

像与物距的关系		凸透镜焦距 $f=$　　cm		
物距（u）/cm	像距（v）/cm	像		
		大小	正倒	虚实

思考：
1. 凸透镜在什么条件下成放大的像，什么条件下成缩小的像？
2. 凸透镜在什么条件下成正立的像，什么条件下成倒立的像？
3. 凸透镜在什么条件下成实像，什么条件下成虚像？

2.4.4 光路图

通过作光路图，可以确定像的位置和大小。如图2.43所示，根据凸透镜对光的作用特点及光路可逆性，要确定像的位置，可以借助三条特殊的光线。一条光线平行于主轴，经过折射后通过透镜另一边的焦点；另一条光线通过透镜在物体侧的焦点，经过折射后与主轴平

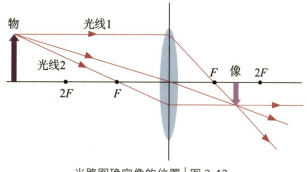

光路图确定像的位置 | 图2.43

行；第三条是通过光心的光线，其传播方向不变。三条光线相交于一点，交点即为像点。利用任意两条即可确定像点。选择物体上的其他点，用同样的方法画出光路图，便可以形成完整的像。

知识拓展

● 凹透镜成像

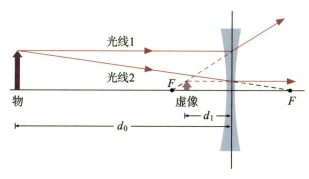

凹透镜成像 | 图2.44

凸透镜既可以成倒立的实像，也可以成正立的虚像，那么凹透镜呢？由于凹透镜使光线发散，因此凹透镜成的像都是虚像。凹透镜的成像规律可以利用凸透镜成像的探究方法进行探究，也可以用光路图法进行探究。图2.44所示是凹透镜产生虚像的情形。平行于主轴的光线经过折射后，其折射光线的反向延长线过物体一侧的焦点，另一条射向对边焦点的光线，经过折射后平行于主轴。由于两条光线是发散的，因此它们的反向延长线相交于物体一侧的一点，这一点就是虚像的位置。用同样的方法画出其他点的光线，便可以得到完整的像。凹透镜的像总是正立、缩小的虚像。

科普 Popularization of Science

球面透镜的缺陷

通过本节内容的学习，我们知道物体在某些特定位置通过透镜可以形成清晰的像，而实际上透镜是有缺陷的。研究成像规律时所用的是薄透镜模型，而实际上平行光通过透镜边缘后会聚的点并不相同，这种现象称为球差。如果透镜是非球面的，如照相机中所用的透镜，就可以消除球差。现在很多矫正视力的眼镜都是非球面的。在精密仪器中，通常使用多块透镜以获得清晰完美的像。

用透镜看物体时，总会看到物体的边缘被彩色环绕，这种现象被称为色差，这是由于透镜对不同的光的折射程度略有不同，因此通过透镜的光，尤其是边缘的光，会被稍微散开。使用单块透镜总会产生色差。若将一块凸透镜与另一块由不同折射率材料制成的凹透镜组合起来使用，可以在很大程度上消除色差。

● 透镜成像公式

根据薄透镜模型，人们总结出了一些用于求解球面镜的公式。其中，薄透镜公式将透镜的焦距与物距和像距联系了起来：$\dfrac{1}{f}=\dfrac{1}{u}+\dfrac{1}{v}$，即透镜焦距的倒数等于物距的倒数与像距的倒数之和，也称作透镜成像公式。该公式既适用于凸透镜成像，也适用于凹透镜成像。对于凹透镜的焦距，f 取负值。

透镜的另一个性质是放大率，一般用 m 表示，用来说明像比物放大或缩小的程度，因此其数值等于像的大小与物的大小的比值，即放大率 $=\dfrac{像长}{物长}=\dfrac{像距}{物距}$，$m=\dfrac{v}{u}$。

需要注意的是，物距 u 一定是正值，v 和 f 可以为负值。当 v 为负值时，表示像与物在同一侧。

习题 Exercises

A 组

1. 下面是透镜对光的作用，其中正确的是（　　）。

   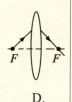

A.　　　　B.　　　　C.　　　　D.

2. 将一个凸透镜正对太阳，在距凸透镜 20 cm 处得到一个最小、最亮的光斑。若将一个物体放在此透镜前 30 cm 处，则可在凸透镜的另一侧得到一个（　　）。

A. 倒立、放大的实像
B. 倒立、缩小的实像
C. 倒立、等大的实像
D. 正立、放大的虚像

3. 在"探究凸透镜成像规律"的实验中，光屏上有一个清晰的烛焰像，若用一张硬纸板遮去凸透镜上面的一半镜面，则光屏上像的变化情况是（　　）。

A. 屏上的像消失
B. 像变得模糊不清，需要重新调节光屏的位置
C. 光屏上只有一半烛焰的像
D. 光屏上仍有完整的像，只是亮度减弱

4. 某同学用焦距分别为 f_1 和 f_2 的甲、乙两个凸透镜做"探究凸透镜成像规律"的实验，先将点燃的蜡烛、凸透镜甲和光屏放置在光具座上，调整后的位置如图所示，此时光屏上得到烛焰清晰的像；再用凸透镜乙替换凸透镜甲，且保持蜡烛和凸透镜的位置不变，将光屏向左移动，再次得到烛焰清晰的像。

① 图中光屏上的像是烛焰发出的光线经过凸透镜折射后形成的；
② 图中光屏上的像是倒立放大的实像；
③ $f_1 < f_2$；
④ $f_1 > f_2$。

对以上判断完全正确的是（　　）。

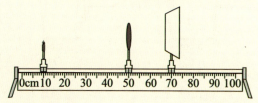

A. ①③　　　　B. ②③
C. ②④　　　　D. ①④

5. 若如图所示的容器中有一个空气泡，则其对水平射入其中的光线有何作用？（　　）

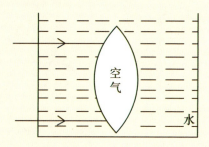

A. 会聚作用　　　　B. 发散作用
C. 既不会聚也不发散　　D. 无法判断

6. 学习了透镜的有关知识后，为了把一束从左侧射入的较宽的平行光变为较窄的平行光，小王同学找来了三只薄透镜，其中凸透镜 L_1 的焦距是 5 cm，凸透镜 L_2 的焦距是 3 cm，凹透镜 L_3 的焦距是 2 cm。小王分别设计了如下所示的四种光路，其中能够达到目的是（　　）。

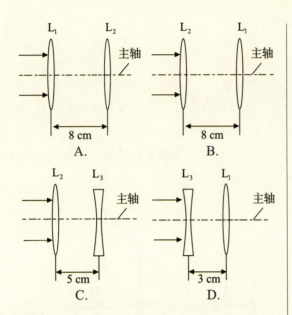

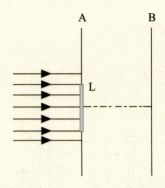

8. 在焦距为5 cm、10 cm或15 cm的凸透镜中选择一个放置于光具座的A点处，如图所示。将蜡烛、光屏分别置于光具座上透镜两侧，调整透镜和光屏的中心大致与烛焰的中心在_____高度。先后两次将蜡烛放置在距B点5 cm处，保持透镜在A点位置不变，移动光屏，可在光屏上得到大小不同的两个像。比较两次所成的像，当蜡烛置于光具座_____cm刻度处时，所成的像较大；实验中所用透镜的焦距可能是_____cm。

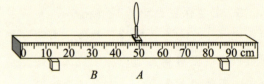

7. 如图所示，遮光板A与光屏B平行放置且相距为d。在A中央挖一直径为d_1的圆孔，并在孔内嵌入与孔等大的薄透镜L。现有一束平行光垂直照射遮光板，在光屏上形成了一个直径为d_2的圆形光斑，则该透镜的焦距大小可能为_____。

B组

1. 有一个点光源放在凸透镜的正前方。当点光源放在A点时，成像在B点；当点光源放在B点时，成像在C点，如图所示，则（　　）。

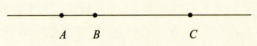

A. 凸透镜应放在C点右侧
B. 凸透镜应放在B、C点之间
C. 凸透镜应放在A、B点之间
D. 凸透镜应放在A点左侧

2. 如图所示，凸透镜的下半部分被截去，其上半部分的高度为L。在左焦点F处放有高为L的发光物AB，在右焦点F′处放有一平面镜MN。则关于AB通过凸透镜的成像情况，下列说法正确的是（　　）。

A. 成一个正立、等大的虚像和一个正

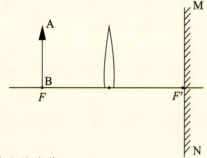

立、放大的虚像

B. 成一个正立、等大的虚像和一个倒立、缩小的实像

C. AB的上半部分成一个等大、倒立的实像，下半部分不成像

D. AB的下半部分成一个等大、倒立的实像，上半部分不成像

3. 甲、乙两只机械手表放在凸透镜的主光轴上，位置如图所示。手表的正面对着透镜且与主光轴垂直，在透镜另一侧的适当位置观察两只手表所成的像，应是（　　）。

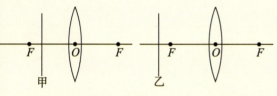

A. 甲手表顺时针转动，与直接看表相同

B. 甲手表逆时针转动，与直接看表相同

C. 乙手表顺时针转动，与直接看表相同

D. 乙手表逆时针转动，但表面的上、下、左、右都颠倒了

4. 某同学利用"研究凸透镜成像规律"的实验装置比较甲、乙、丙三个凸透镜的焦距大小。三次实验中，烛焰与凸透镜的距离均为20 cm，烛焰通过三个凸透镜成像的情况如下表所示，则三个凸透镜的焦距大小关系为（　　）。

凸透镜	像的性质		
甲	倒立	缩小	实像
乙	倒立	放大	实像
丙	正立	放大	虚像

A. $f_甲 < f_乙 < f_丙$

B. $f_甲 = f_乙 = f_丙$

C. $f_甲 > f_乙 > f_丙$

D. 无法判断

5. 物体离凸透镜22 cm时，能在光屏上得到一个清晰的倒立、缩小的像，则下列判断正确的是（　　）。

A. 当物距小于11 cm时，一定不能成实像

B. 当物距等于11 cm时，一定成放大的实像

C. 当物距大于11 cm时，一定成放大的实像

D. 改变物距，当像距为22 cm时，在光屏上得到的是放大的像

6. 将一凸透镜正对太阳，其下方的纸上呈现一个并非最小的光斑时，测得光斑到凸透镜的距离为l，则下列说法正确的是（　　）。

A. 增大透镜与纸间的距离，光斑一定变大

B. 减小透镜与纸间的距离，光斑一定变大

C. 只增大透镜与纸间的距离，便能通过光斑大小的变化比较透镜的焦距与l的大小

D. 只减小透镜与纸间的距离，不能通过光斑大小的变化比较透镜的焦距与l的大小

7. 小明在做"研究凸透镜成像规律"的实验，第1次实验时，他使用透镜1（焦距为f_1）在如图1所示的位置得到蜡烛的像；第2次实验时，他改用透镜2（焦距为f_2），但保持蜡烛和透镜在光具座上的位置不变，光屏需要移动到如图2所示

的位置才可以得到蜡烛的像，由此可知：

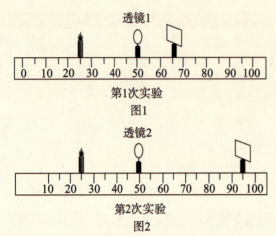

第1次实验
图1

第2次实验
图2

（1）两次实验，u=_____cm，第1次实验成的是_____、_____的实像；

（2）第_____次实验得到的像比较大，且f_1_____f_2（选填"＞"或"＜"）；

（3）如果在第1次实验后，不改变蜡烛和光屏的位置，只是把透镜1换成透镜2，那么为了在光屏上依旧得到蜡烛清晰的像，可以在蜡烛和透镜2之间添加一个_____。

8．如图所示，不透光小圆盘P和小圆形发光面S的半径均为R，平行竖直放置，二者相距为$2d$。在它们正中间放置一个焦距为$2d$的凹透镜，透镜的主光轴通过P和S的圆心。在P的右侧相距d处放置一平行于圆盘面的光屏M（足够大），则不透光圆盘P在光屏M上形成的本影（发光面S发出的任何光线都不能进入该区域内）的面积为_____；不透光圆盘P在光屏M上形成的半影（发光面S发出的光线中只有部分能进入该区域内）的面积为_____。

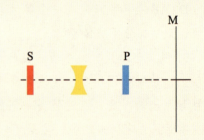

2.5 生活中的透镜

在上一节的学习中我们知道了放大镜是一种凸透镜，其实生活中几乎所有的光学仪器都用到了透镜。照相机、望远镜、显微镜甚至包括我们的眼睛，都包含了透镜在其中。

2.5.1 眼　睛

眼睛是典型的光学器件，你知道眼睛是怎样看到物体的

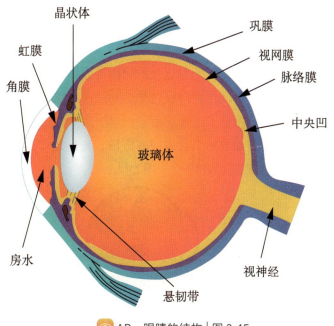

AR　眼睛的结构｜图 2.45

吗？首先要了解眼睛的结构。图 2.45 是眼睛的结构图。人眼主要由角膜、晶状体、房水、玻璃体、视网膜等组成。物体发出或反射的光通过角膜进入眼睛，透过晶状体后，投射到视网膜上，形成物体的像，再由视网膜上的视神经把信号传递给大脑，于是我们就看到了像。

在视觉的形成过程中，角膜起主要的聚焦作用，晶状体起精细调节作用，通过晶状体周围肌肉的收紧或放松，细微调节晶状体的形状，从而改变眼睛的焦距。肌肉放松时，焦距变长，能把远处物体的像聚焦在视网膜上；肌肉收紧时，就可以把近处物体的像聚焦在视网膜上（图 2.46）。依靠眼睛调节所能看清的最远和最近距离的极限点，叫作远点和近点。正常眼睛的远点在无限远，近点大约在 10 cm 处。眼睛恰好不需要调节就可以看清楚物体的距离叫作明视距离，正常眼睛的明视距离大约为 25 cm。

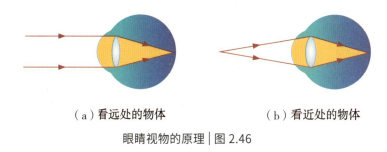

（a）看远处的物体　　　　　（b）看近处的物体

眼睛视物的原理｜图 2.46

2.5.2　近视眼及其矫正

由于遗传或长时间看近处的物体等原因，晶状体变厚或眼球的前后径变长，导致从远处射来的光会聚在视网膜之前，到达视网膜时已经不是清晰的像了，人看不清远处的东西，叫作近视眼。

在眼睛前面放一个合适的凹透镜，光经过凹透镜发散后再进入眼睛，就可以在视网膜上会聚，从而矫正近视眼（图2.47）。

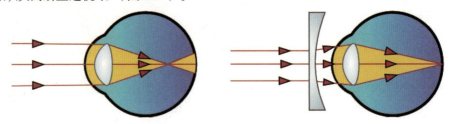

（a）远处物体的光会聚于视网膜前　　（b）配戴用凹透镜制作的近视眼镜可以看清较远处的物体

微件　近视眼及其矫正｜图 2.47

2.5.3　远视眼及其矫正

由于遗传或成长过程中眼睛发育不良等原因，晶状体变薄或眼球前后径变短，导致来自近处的光还没有会聚就已经到达了视网膜，人看不清近处的东西，叫作远视眼。

在眼睛前面放一个合适的凸透镜，光先经过凸透镜会聚之后再进入眼睛，其会聚点就会往前移到视网膜上，从而矫正远视眼（图2.48）。

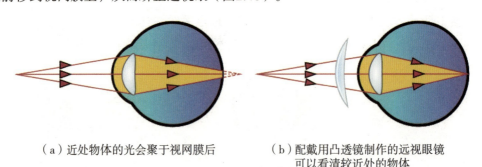

（a）近处物体的光会聚于视网膜后　　（b）配戴用凸透镜制作的远视眼镜可以看清较近处的物体

微件　远视眼及其矫正｜图 2.48

2.5.4 眼镜的度数

在对近视眼或远视眼进行矫正时,需要选择合适的眼镜。眼镜对光的偏折程度通常用度数来表示。我们已经知道,透镜的焦距标志着折光能力的大小,焦距越小,偏折能力越大。透镜焦距的倒数叫作透镜焦度,用 Φ 表示,$\Phi = \dfrac{1}{f}$。平时所说的眼镜的度数,就是焦度乘以100后的值。近视眼镜的度数是负值,远视眼镜的度数是正值。

表 2.3 验光单

		球镜(SPH) 近视或远视的度数	柱镜(CYL) 散光度数	轴位(AXIS) 散光度数的方向	瞳距(PD) 双眼瞳孔中间的距离	视力(VISION) 看物体的清晰程度
远用 (近视)	右眼 (O、D)	−1.00	0.00	0.00	62 mm	1.0
	左眼 (O、S)	−1.00	−0.75	180		1.0
近用 (远视、老花、弱视)	右眼 (O、D)					
	左眼 (O、S)					

下加光(Add)_____;

表2.3为一副眼镜的验光单,下面对此验光单进行解释说明:

右眼为−1.00(近视),无散光;

左眼为−1.00(近视),−0.75(散光),180(轴位/角度);

瞳距为62 mm。

2.5.5 用眼卫生

眼睛是心灵的窗户。晶状体厚度变化、眼球前后径变化都会引起视力变化。例如，长时间近距离看书时，睫状肌就会长期处于收缩的状态，导致晶状体变厚，从而引发近视，因此我们在日常的学习生活中需要注意用眼卫生。由于正常眼睛的明视距离是25 cm左右，所以平时看书的时候最好保持25 cm左右的距离。为了避免睫状肌长时间处于紧张的状态，在连续用眼1小时后，要让眼睛休息一段时间。另外，不要在行走时或动荡的车厢中看书，以免晶状体长时间处于不断调节的状态。还要注意光照的强度，不可太强或太弱。

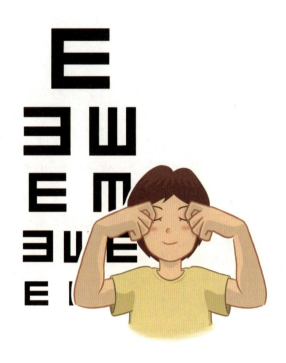

2.5.6 显微镜

我们已经知道放大镜是凸透镜，但一般的放大镜的放大倍数有限，要想观察微小的物体，就需要用到显微镜。

显微镜由两组镜片构成，每组镜片相当于一个凸透镜。靠近眼睛的凸透镜叫作目镜，焦距较长；靠近物体的凸透镜叫作物镜，焦距很短。如图2.49所示，来自待观察物体的光先经过物镜，在目镜的焦点附近形成放大、倒立的实像。目镜就相当于一个普通放大镜，通过目镜观察就等于将已经放大的像再放大一次，这样就可以看到肉眼无法直接看到的微小物体。图2.50是显微镜下的

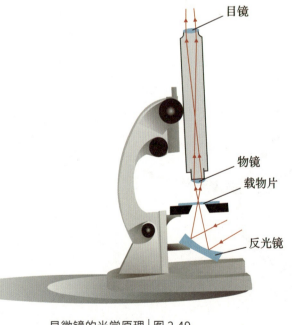

显微镜的光学原理 | 图2.49

百合花药切片。显微镜的放大倍数等于目镜放大倍数与物镜放大倍数的乘积。

2.5.7 望远镜

显微镜可以帮助我们看到更小的物体，而望远镜可以帮助我们看到更远的物体。望远镜一般

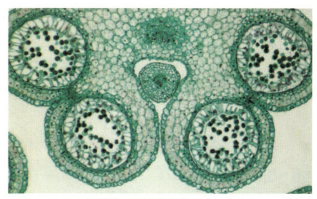

显微镜下的百合花药切片 | 图 2.50

由两个透镜组成，靠近物体的叫作物镜，靠近眼睛的叫作目镜。伽利略是世界上第一个用望远镜观测天体并进行绘制的科学家。他当时所用的望远镜的物镜是凸透镜，目镜是凹透镜，称为伽利略望远镜。还有一种望远镜由两个凸透镜组成，称为开普勒望远镜。

图2.51（a）是伽利略望远镜的光学原理图，光经过物镜折射后形成的实像在目镜的后方，即靠近人眼的一方，因此会聚的光经过目镜折射后成一个放大、正立的虚像，其放大率等于物镜焦距与目镜焦距的比值。伽利略望远镜的优点是镜筒短且成正立的像，但它的视野比较小。图2.51（b）是伽利略望远镜。

开普勒望远镜的原理如图2.52所示，物镜的后焦点（靠近人眼一侧）与目镜的前焦点重合，光经过物镜折射后，在焦点外距离焦点很近的地方形成倒立、缩小的实像，这个实像对于目镜来说相当于物体。由于这个实像位于目镜和目镜的焦点之间，因此形成放大的虚像。开普勒望远镜形成的像是倒立的，一般来说，观测天体时倒立的像是可以接受的，或者可以在目镜和物镜之间增加正像系统。

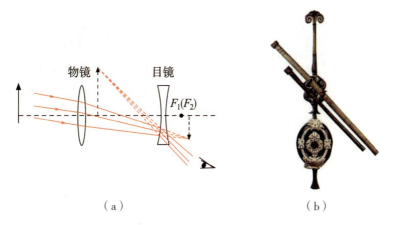

（a） （b）

伽利略望远镜的光学原理 | 图 2.51

第 2 章 光现象

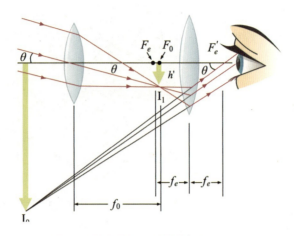

开普勒望远镜的光学原理 | 图 2.52

2.5.8 照相机

眼睛可以看到各种美丽的风景，而照相机可以帮我们留下每一个瞬间。如图2.53所示，相机的镜头是由一组透镜组成的，相当于一个凸透镜。来自物体的光经过镜头折射后，在底片上形成倒立、缩小的像。底片上涂着一层对光敏感的物质，在受到光的照射后发生化学变化，物体的像就会被记录在底片上。早期摄影师在取景时，看到的也是倒立的像，后来利用光学装置和电子技术，使人眼看到的像由倒立转为正立。

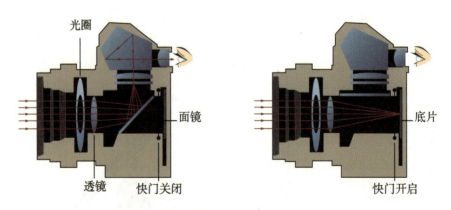

照相机的光学原理 | 图 2.53

习题 Exercises

A组

1. 如图所示，白板上嵌入利用LED灯做成的两个发光箭头（图甲），用玻璃杯装半杯水放在白板前（图乙），人眼观察到位于下方的箭头发生了变化，根据此现象判断下列说法正确的是（ ）。

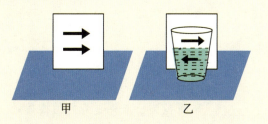

A. 玻璃杯下半部相当于一个凹透镜
B. 下方箭头是利用凸透镜形成的虚像
C. 下方箭头成像原理在生活中的应用是照相机
D. 图乙看到上方箭头是属于光的直线传播现象

2. 国庆假期，公园里游人如织。有来自外地的四位游客在同一地点，分别用不同型号的甲、乙、丙、丁相机（焦距$f_甲 > f_丙 > f_丁 > f_乙$）对同一景物——亭子拍了一张照片，分别如选项A、B、C、D所示。我们可以判定乙相机拍摄的照片是（ ）。

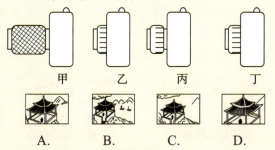

3. 下列关于生活中光学元件的说法，正确的是（ ）。

A. 利用照相机拍摄时，成正立、缩小的虚像
B. 利用凸透镜做放大镜时，成正立、缩小的实像
C. 投影仪是利用凹透镜来成像的
D. 近视眼镜的镜片是凹透镜

4. 右图是陈大爷眼睛看物体时的成像情况，则他的眼睛类型及矫正需要选用的透镜分别是（ ）。

A. 远视眼、凸透镜
B. 远视眼、凹透镜
C. 近视眼、凸透镜
D. 近视眼、凹透镜

5. 如图所示，将凸透镜看作眼睛的晶状体，光屏看作眼睛的视网膜，烛焰看作被眼睛观察的物体。拿一个远视眼镜给"眼睛"戴上，光屏上出现烛焰清晰的像，而拿走远视眼镜后，烛焰的像变得模糊。在拿走远视眼镜后，为了能在光屏上重新得到清晰的像，下列操作可行的是（ ）。

A. 将蜡烛靠近凸透镜

B. 将光屏靠近凸透镜

C. 将光屏远离凸透镜

D. 将光屏和蜡烛同时靠近凸透镜

6. 下列关于显微镜与望远镜的说法，正确的是（　　）。

① 所有的望远镜都是由两个凸透镜制成的；

② 天文望远镜物镜的口径比较大；

③ 我们在学生实验室用显微镜看细胞是通过两次放大来实现的；

④ 望远镜是将远处物体放大使人看得见的。

A. ①③　　　　B. ②③

C. ①②　　　　D. ③④

7. 人的眼睛像一架照相机。晶状体和角膜的共同作用相当于一个_____。小强同学由于经常玩手机，近期视力严重下降，经眼科医生检查发现小强看物体的像成在视网膜的前方，则小强被确诊为_____眼，应配戴_____透镜矫正。矫正后，小强眼镜成像的光路图应该是下列图中的_____（选填汉字）。

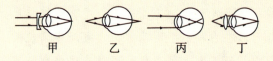

8. 越来越多的人习惯利用手机拍照，手机上的摄像头相当于一个_____透镜。如图所示自拍杆是最近流行的自拍神器，与直接拿手机自拍相比，利用自拍杆可以_____物距，减小人像的大小，从而_____取景范围，取得更好的拍摄效果。（均选填"增大"或"减小"）

B组

1. 小明在用显微镜观察上皮组织细胞时，通过调节，被观察物体已处在视野的中央，但像太小，观察不清楚，这时他应该（　　）。

A. 使物镜远离物体，目镜位置不变

B. 使物镜靠近物体，目镜远离物镜一些

C. 使物镜远离物体，目镜靠近物镜一些

D. 使物镜位置不变，目镜靠近物镜一些

2. 如图所示为正常人眼看远近不同物体时眼睛的自动调节，以下分析正确的是（　　）。

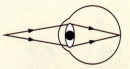
看近处的物体

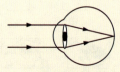
看远处的物体

正常的眼睛调节

A. 这不可能是同一个人的眼
B. 这说明眼睛是一个自动变焦（距）系统
C. 看近处的物体晶状体应扁平一些
D. 看远处的物体常常需要眯起眼睛看

3. 现代照相机、摄像机所用的光学镜头是可变焦距的，当物距改变时，通过改变镜头到"屏"的距离（像距），仍可获得清晰的像，如果被拍摄物体远离镜头而去，则镜头焦距应（　　　）。

A. 变小
B. 变大
C. 先变小，后变大
D. 先变大，后变小

4. 老花镜是_____透镜，它的"度数"等于它的焦距（用米作单位）的倒数乘以100。小明拿着爸爸的老花眼镜，测得其焦距为25 cm，则小明爸爸眼镜的"度数"为_____。

5. 照相时，选择不同的"光圈"以控制镜头的进光面积；选择不同的快门速度，以控制镜头的进光时间。两者结合的目的是使底片受到的光照能量保持一定，光照能量过大或过少都不能得到好照片。下面的表格是某种情况下光圈与快门的几种正确组合。在"快门"一行中，"15"表示快门打开的时间是1/15 s，依此类推；在"光圈"一行中，"16"表示镜头透光部分的直径等于镜头焦距的1/16，依此类推。计算光圈一行最后一格应填的数字。

光圈	16	11	8	5.6	4	2.8	
快门	15	30	60	125	250	500	1000

6. 小亮用小气球充水后制成水透镜模拟眼球中的晶状体。如图所示，甲表示正常眼睛的晶状体，在实验中测得其焦距为10 cm。再将甲分别挤压成乙、丙的形状，并分别测量其焦距。

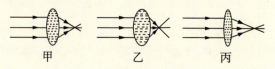

甲　　　乙　　　丙

（1）实验中，测得焦距大于10 cm的是_____，模拟近视眼的是_____。

（2）很多近视患者通过配戴"隐形眼镜"来矫正视力。"隐形眼镜"是一种直接贴在角膜表面的超薄镜片，可随着眼球运动。若某镜片的中心厚度为0.05 mm，则此镜片的边缘厚度_____（选填"小于"、"等于"或"大于"）0.05 mm。

章末总结
知识图谱
Knowledge Graph

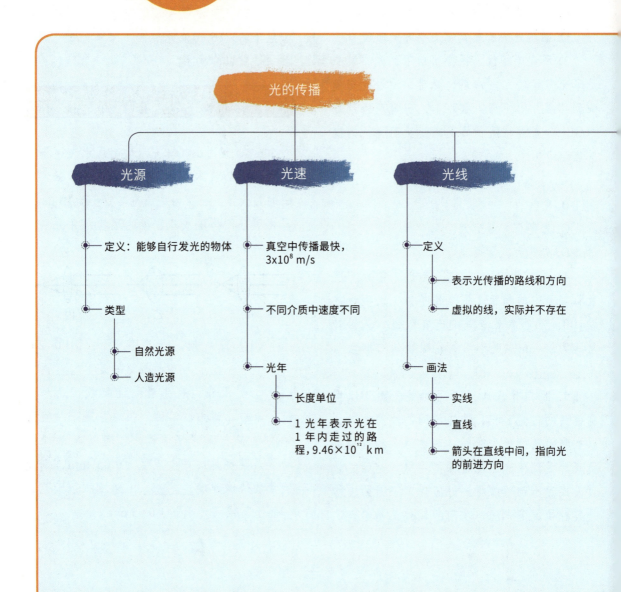

光学基础

生活中的透镜　透镜及其应用　光的折射　光的反射　**光的传播**

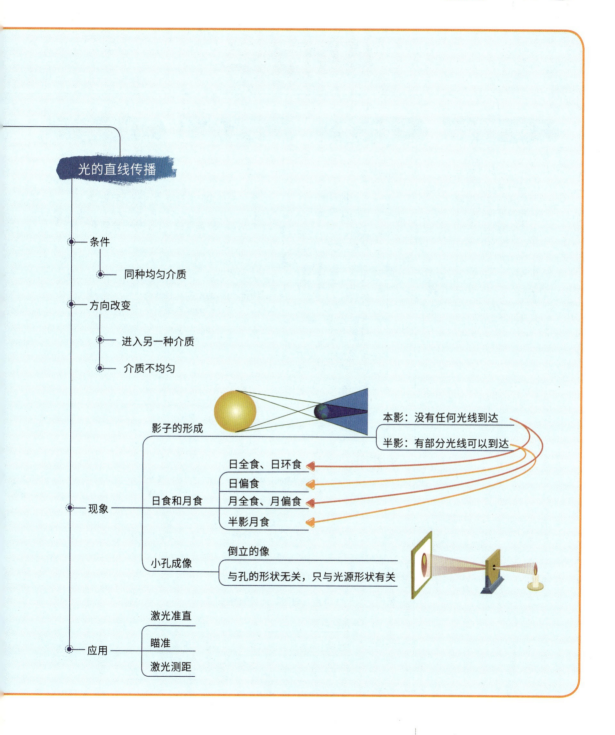

第 2 章　光现象

章末总结
知识图谱 Knowledge Graph

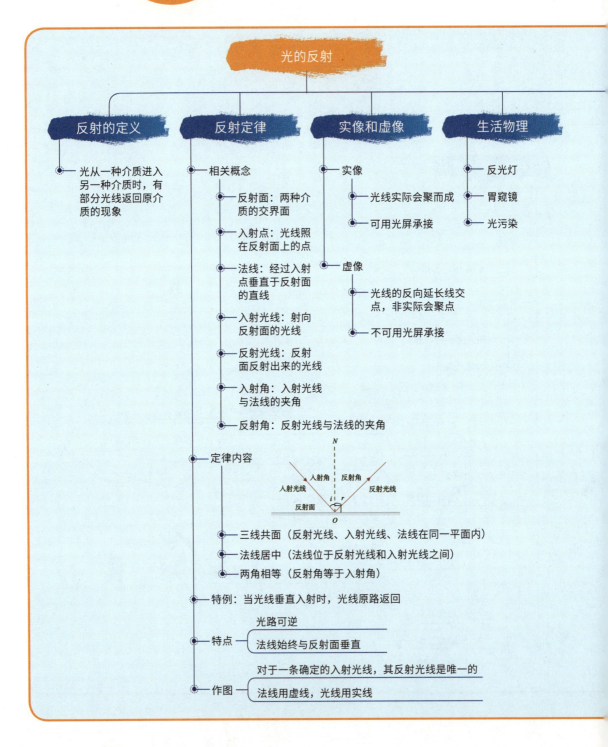

2 光现象

生活中的透镜　透镜及其应用　光的折射　**光的反射**　光的传播

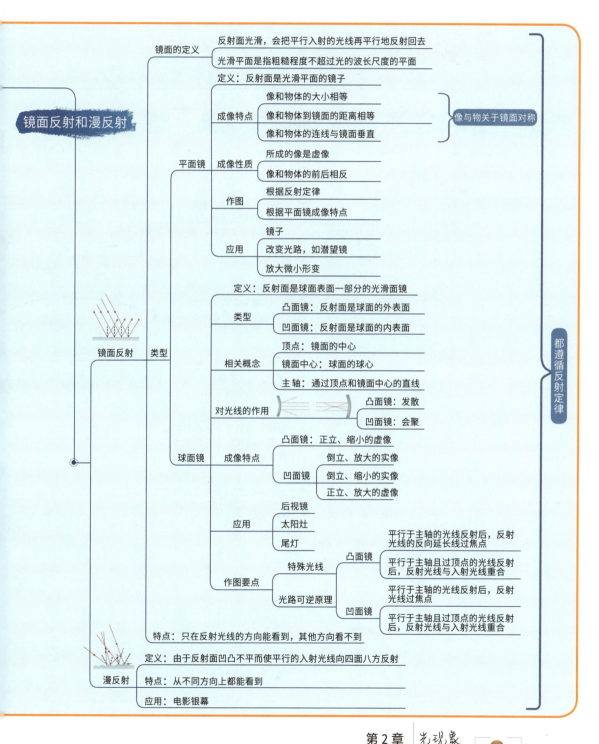

第 2 章　光现象

章末总结
知识图谱 Knowledge Graph

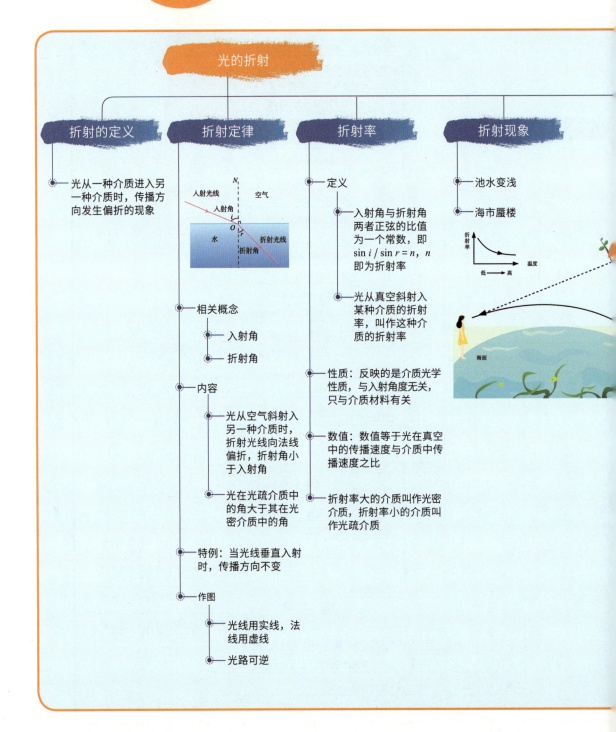

光现象

生活中的透镜　透镜及其应用　**光的折射**　光的反射　光的传播

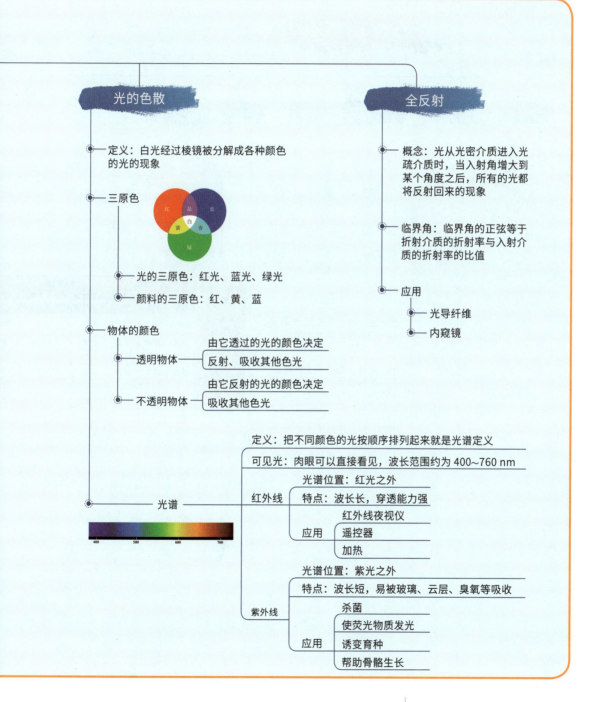

第2章　光现象

章末总结
知识图谱 Knowledge Graph

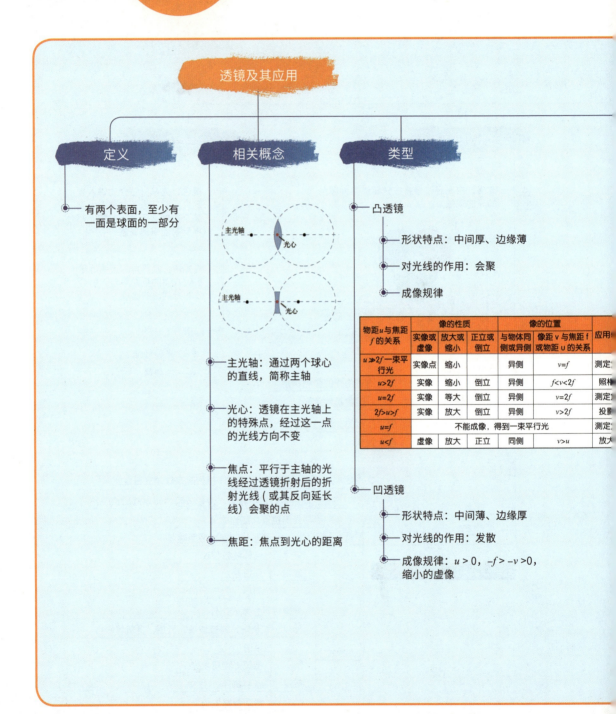

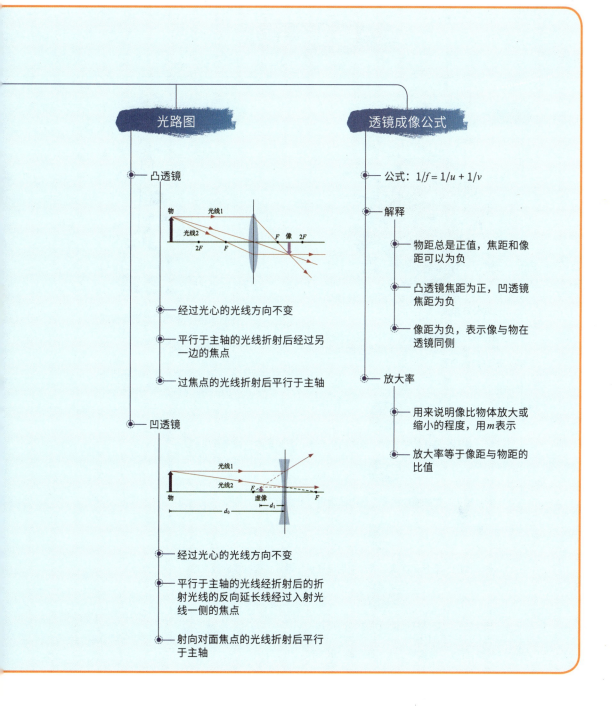

章末总结
知识图谱 Knowledge Graph

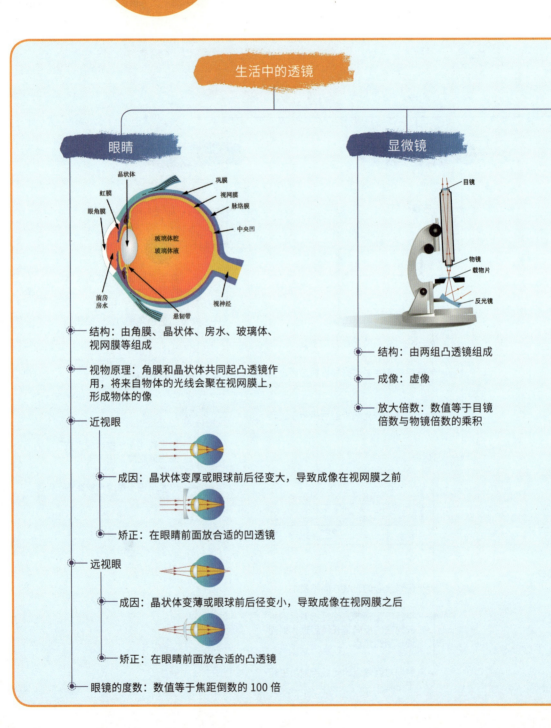

5 生活中的透镜　　透镜及其应用　　光的折射　　光的反射　　光的传播

光现象 2

望远镜

- 伽利略望远镜
  - 结构：物镜是凸透镜，目镜是凹透镜
  - 成像：观察到的是正立、放大的虚像，视野较小

- 开普勒望远镜
  - 结构：物镜和目镜均为凸透镜
  - 成像：物镜成倒立、缩小的实像，目镜将实像转换成放大的虚像，视野较大

照相机

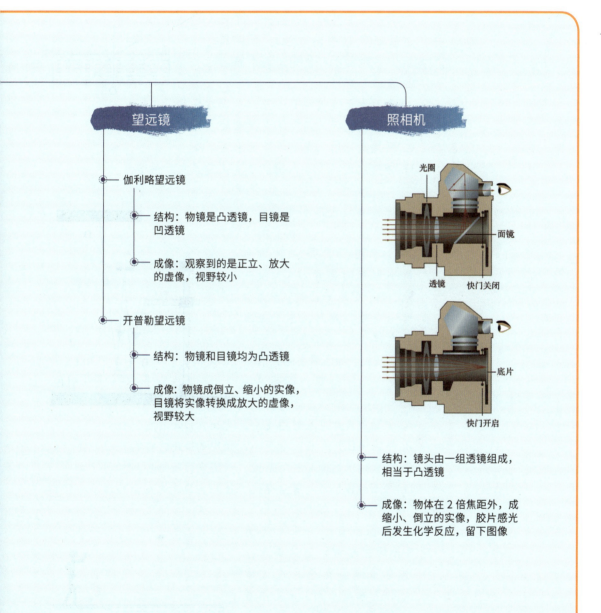

- 结构：镜头由一组透镜组成，相当于凸透镜
- 成像：物体在 2 倍焦距外，成缩小、倒立的实像，胶片感光后发生化学反应，留下图像

第 2 章　光现象

迁移应用
Migrating Application

A组

1. 有一圆柱形敞口容器，从其左侧某一高度斜射一束激光，在容器底部产生一个光斑O，如图所示，下列操作可使光斑向左移动的是（　　）。

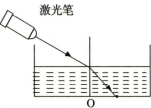

A. 保持水面高度不变使激光笔向右平移
B. 保持激光射入角度不变使水面上升
C. 保持激光射入角度不变使水面下降
D. 保持水面高度和入射点不变使激光入射角增大

2. 把微小放大以利于观察，这是物理学中一种重要的方法。如图所示是一种显示微小形变的装置。A为激光笔，B、C是平面镜，P为台面，未放重物时，激光束反射在屏上的光斑为D，当把重物M放在台面P上时，台面将发生微小形变，以下说法正确的是（　　）。

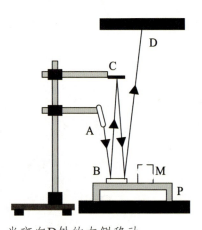

A. 平面镜B上的入射角变小，光斑向D处的左侧移动
B. 平面镜B上的入射角变小，光斑向D处的右侧移动
C. 平面镜B上的入射角变大，光斑向D处的右侧移动
D. 平面镜B上的入射角变大，光斑向D处的左侧移动

3. 如图所示，一个半径为5 m的圆形蓄水池装满水，水面和地面相平，在池中心正上方离水面3 m处吊着一盏灯，一个人站在岸边，他的眼睛距地面的高度为1.8 m，若他要看到灯在水中所成的像，则人到岸

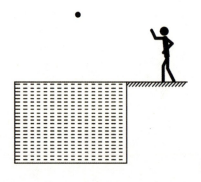

的距离不能超过（　　）。

A. 1 m　　　B. 2 m　　　C. 3 m　　　D. 4 m

4. 两平面镜垂直放置（如图所示），一人站在镜前不断走动，则（　　）。

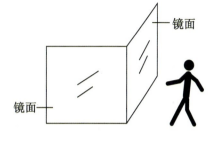

A. 在任意位置都只能看到自己的一个像
B. 最多能看到自己的一个像
C. 最多能看到自己的两个像
D. 最多只能看到自己的三个像

5. 一个身高1.5 m的人站在河岸看到对岸的一根电线杆在水中的像，当人离开河岸后退，距离超过6 m时，就不能看到完整的电线杆的像。已知河岸高出水面1 m，河宽40 m，则电线杆高（　　）。

A. 6 m　　　B. 8 m　　　C. 10 m　　　D. 12 m

6. 如图所示，MN是凸透镜的主光轴，P、Q、S是主光轴上的三个位置，把一物点放在P处，像成在Q处，把物放在Q处，凸透镜位置不变，像成在S处，则可判断凸透镜的位置在（　　）。

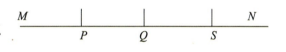

A. P的左边　　B. PQ之间　　C. QS之间　　D. S的右边

7. 一种手电筒上所有的聚光小电珠如图所示，其前端相当于一个玻璃制成的凸透镜，灯丝（可看作一个点光源）发出的光通过它出射时，出射光束（图中实线所示）比无此透镜时的光束（图中虚线所示）要窄，即它可减小光束的发散，有聚光功能。在这种小电珠中，灯丝应位于（　　）。

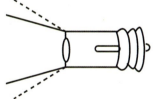

A. 凸透镜的焦点以内
B. 凸透镜的一倍焦距和两倍焦距之间
C. 凸透镜的焦点处
D. 凸透镜的两倍焦距处

8. 某同学用自制的水凸透镜做凸透镜成像实验，在光屏上得到了清晰的像，如图所示。他继续向水凸透镜内注水，使水凸透镜的焦距变小，如果不改变蜡烛和凸透镜的位置，要在光屏上再次成清晰的像，则（　　）。

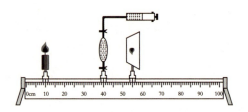

A. 光屏应向右移动，成放大的像
B. 光屏应向左移动，成缩小的像
C. 光屏应向左移动，成放大的像
D. 光屏应向右移动，成缩小的像

9. 小红同学利用如图所示的装置研究凸透镜成像的特点，实验操作规范、正确。每一次实验时，她改变物距，并移动光屏，直至观察到清晰的像，其成像情况如图甲、乙、丙所示，请仔细观察图中的物距、像距以及成像情况，得出初步结论。

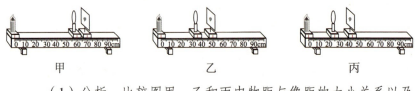

甲　　　　　　乙　　　　　　丙

（1）分析、比较图甲、乙和丙中物距与像距的大小关系以及成像情况，可知：_____。
（2）分析、比较图甲、乙和丙中像距随物距变化的关系以及成像情况，可知：_____。

10. 小明的爷爷有一副老花眼镜，一天晚上，小明想估测这副眼镜的度数，他把房间的窗户打开，使得在房间里能看见窗外很远地方的一盏明灯。小明站在白墙旁边用眼镜片把这盏灯的像成在白墙上。小明测得此时镜片到墙的距离约等于34 cm。这样可以认为，这副镜片的焦度是_____，镜片的度数是_____。

B组

1. 细心的小明注意到这样一种现象：如果打开窗户直接看远处的高架电线，电线呈规则的下弯弧形；而如果隔着窗户玻璃看，电线虽然整体上也呈弧形，但电线上的不同部位有明显的不规则弯曲，当轻微摆动头部让视线移动时，电线上的不规则弯曲情景也在移动。产生这种现象的主要原因是(　　)。
A. 玻璃上不同部位对光的吸收程度不同
B. 玻璃上不同部位透过光的颜色不同
C. 玻璃上不同部位因厚度不同对光的折射情况不同
D. 玻璃上不同部位对光的反射情况不同

2. 晚上，小明挑着一盏不带光源的工艺品小灯笼在家里玩。当把小灯笼移到发光面较大的吸顶灯正下方时（如图所示），会在小灯笼正下方的水平白纸上出现一个影子，关于这个影子的形状，其中正确的是(　　)。

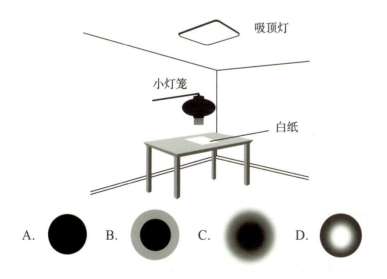

3. （多选）如图所示是艺术体操训练房的俯视图，训练房的北墙有一大平面镜，当老师从室外进入图示位置时，甲、乙、丙、丁四位同学能通过平面镜观察到老师的是(　　)。

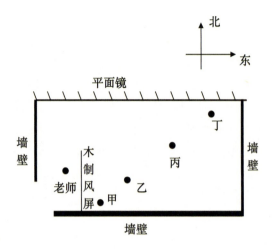

A. 甲同学　　B. 乙同学　　C. 丙同学　　D. 丁同学

4. 如图所示，MN为某一透镜的主光轴。若将点光源置于A点，则成像于B点；若将点光源置于B点，则成像于C点。已知AB>BC，则以下有关透镜的种类和位置的说法正确的是（　　）。

A. 透镜是凸透镜，位于A点左侧
B. 透镜是凹透镜，位于C点右侧
C. 透镜是凸透镜，位于C点右侧
D. 透镜是凹透镜，位于A点左侧

5. 车内有一块竖直放置的玻璃板，如图1所示，车内一乘客通过玻璃板能看到左侧车窗外路旁树的像。图2是某时刻乘客的眼睛、玻璃板和左侧树位置的简化图，图中眼睛和树用黑点代表。

（1）在图2中画出此时树在玻璃板中的像。

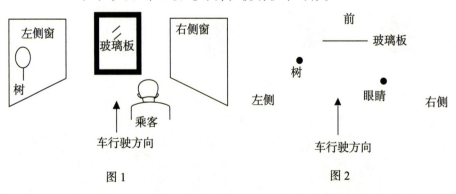

（2）车前进过程中，树在玻璃板中的像的大小_____（选择"变大""不变""变小"），与乘客的距离_____（选择"变大""不变""变小"）；该乘客以玻璃板内树的像为参照物，觉得车_____（选择"向前运动""向后运动""静止"）。

6. 如图所示，黑箱内有一个焦距为3 cm的透镜和一个平面镜。请在黑箱内填上光学仪器，画出完整的光路，并标明入射角的度数。

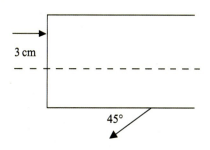

7. 如图所示，OO'为凸透镜的主光轴，S'为点光源S经凸透镜所成的像，SA为光源S发出的一条光线。请在图中适当的位置画出凸透镜，并完成光线SA通过凸透镜的光路图。

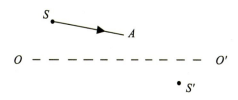

8. 海上有风时，海面出现波浪，某区域海面呈圆弧形，O为圆心，圆弧形海面正下方的水中有一条鱼（用箭头AB表示），如图所示。此时，从圆弧形海面上方看到了水中的这条"鱼"。看到的"鱼"是鱼的缩小的虚像，请分析说明其原因。（注：可以在图上画光路图，以辅助说明）

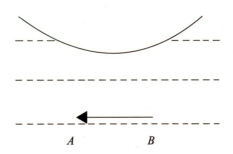

9. 实验中有时需要将一束粗平行光变成细平行光，这可以利用两块透镜的组合来解决。请在下面两个方框中各画出一种组合方式（要画清光束粗细的变化），分别写出两块透镜间的距离 s 与两块透镜到各自焦点的距离 f_1、f_2 的关系。

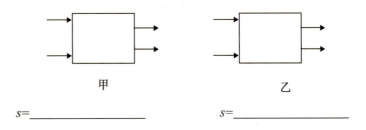

甲   乙

$s=$ _____ $s=$ _____

10. 如图所示，水面上方有一发光点 A_1，水中另有一发光点 A_2。人在空气中看到 A_2 在水中的位置就是 A_1 在水中的像的位置。请画出：

（1）A_1 发出的光经水面反射进入人眼的光路图。

（2）A_2 发出的光进入人眼的光路图。

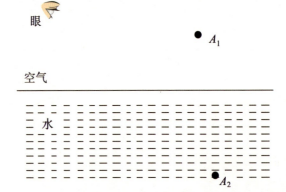

第 3 章　物态变化

■ 引言 Introduction

　　"残云收夏暑，新雨带秋岚。"雨后我们往往感到很凉爽，你是否考虑过为什么会有这种感觉呢？"木落山高一夜霜，北风驱雁又离行。"一夜过后满地白霜，你想过这些白霜的由来吗？

　　大自然千奇百怪的现象数不胜数，那么这些现象是物质发生了怎样的变化导致的？让我们一起去探索大自然的物质变化吧！

Experiment 趣味实验

点不着的纸

取一张普通白纸，用镊子夹住，将其放入用水稀释过后的酒精溶液中，待纸片浸透酒精溶液后取出，点燃白纸。燃烧一段时间后，用湿布将其盖灭。观察白纸，发现纸片还是完好无缺。

纸片为什么会完好无损？这是什么原因造成的呢？

3.1 温 度

3.1.1 物体的温度

如图3.1所示，三个杯子分别装有冷水、温水和热水。将两只手分别放入冷水和热水中，过一会儿再将双手同时放入温水中。此时两只手对温水的感觉是不同的。

在物理学中，为了准确描述物体的冷热程度引入了<mark>温度（temperature）</mark>，用 t 来表示。越热的物体温度越高，越冷的物体温度则越低。

人们用摄氏度（℃）作为常用的温度单位。摄氏温度是

（a）冷水　　　（b）温水　　　（c）热水

图3.1

这样规定的：把在1标准大气压下冰水混合物的温度规定为0 ℃，沸水的温度规定100 ℃，0 ℃和100 ℃之间分成100等份，每一等份代表1 ℃。正常情况下，人的体温约为37 ℃（口腔温度），读作"37摄氏度"；合肥12月份的平均气温是–2 ℃，读作"负2摄氏度"或"零下2摄氏度"。

3.1.2 温度的测量

当人们的直观感受无法判断物体温度高低时，就需要借助温度计

> **科普 Popularization of Science**
>
> 热力学温度是温度的绝对测量量，符号为T。理论最低温度为零点，叫作绝对零度。绝对零度下的物质能量最低。国际单位制指定热力学温标为热力学温度的计量标度，单位为开尔文，简称开（符号为K），其描述的是客观世界真实的温度，同时也是制定国际协议温标的基础，是一种标定、量化温度的方法。
>
> 绝对零度指的便是0 K，对应零下273.15 ℃。热力学温度（T）和摄氏温度（t）的换算关系是$T=273.15+t$。

来测量。图3.2所示的是实验室和家庭中常用的温度计，它们都是根据液体的热胀冷缩原理制作的。温度计所用的液体大多为汞、酒精或煤油等物质。当温度升高或者降低时，温度计中的液体由于热胀冷缩，液面高度发生变化，由温度计中液体的高度变化可知温度的变化。

（a）试验用温度计

（b）体温计

（c）寒暑表

几种常用的温度计 | 图3.2

图3.3是两种固体温度计，前者是根据物体导电性与温度的关系制成的数字式温度计，后者则是用双金属片制成的温度计，两者都是根据固体的某种特性与温度之间的关系制成的。

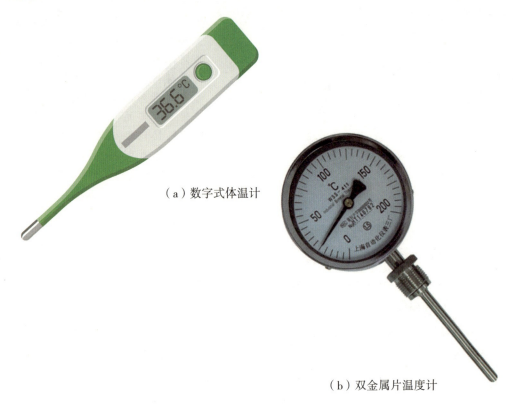

（a）数字式体温计

（b）双金属片温度计

固体温度计 | 图 3.3

在使用温度计前，首先要观察其量程，如果待测物体的温度过高，超过了其量程，温度计内的液体会撑破温度计；如果待测物体的温度过低，测量误差会很大，所以要选择量程合适的温度计。然后还要观察其分度值，就是每一小格所代表的温度的数值，以便于正确地读数。

观察图3.2中的三种温度计，说说它们的量程和分度值各是多少。为什么这样设计它们的量程和分度值？液体温度计的正确使用方法又是什么？我们通过以下实验来学习。

Experiment 实验

用液体温度计测量水的温度

在测量水的温度之前,应先估计被测水的温度,选择量程合适的温度计。

1 从右图的A、B、C、D中找出哪些是正确的操作方法,哪些是错误的。

2 分别向三只烧杯中倒入冷水、温水和热水,测量并记录三杯水的温度。

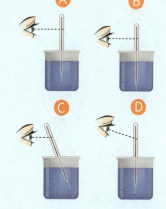

被测物体	冷水	温水	热水
温度/℃			

通过以上实验,我们可以总结出用温度计测量物体温度时应注意:温度计的玻璃泡应与被测物体充分接触一段时间,若是液体,温度计的玻璃泡应浸没在待测液体中,不可触碰容器壁或容器底;待温度计液面稳定(即不再上升或下降)后再读数;读数时,温度计的玻璃泡要继续留在液体中,并保持竖直,视线要与温度计的液面相平。

3 误差分析:若在读数的时候视线没有与液面平行,而是仰视或俯视读数,则读出的数值与实际值的大小关系如何?

对于实验室温度计,刻度是从下往上逐渐增加的,"0"刻度线在中间。俯视读数在正确读数的上方,与真实值比较,读数结果偏高;仰视读数在正确读数的下方,与真实值比较,读数结果偏低。

3.1.3 体温计

图3.2(b)是体温计,又称"医用温度计",用于测量人体温度。体温计的工作物质是水银。人体温度变化一般在35~42 ℃,所以体温计的刻度范围通常为35~42 ℃。从(b)图中可以清晰地看出,体温计的下端靠近玻璃泡处的管颈是一段很狭窄的曲颈。测量体温时,玻璃泡内的水银受热后体积膨胀,从颈部上升到管内某一位置。当体温计离开人体后,外界气温较低,水银遇冷后体积收缩,于是在狭窄的曲颈部分断开,不会自动流回玻璃泡内,水银柱仍保持与人体接触时所达到的高度。因此,体温计可以从人体中拿出来读数。若想让水银回到玻璃泡内,可以用力甩几下。除体温计外,其他的温度计不可以甩。

Science Scope
科学视野

温度计的起源

早在16世纪,意大利著名物理学家伽利略就制造了第一支测量人体体温的温度计。当时伽利略在威尼斯的一所大学里教书。有些医生找到他,恳求地说:"先生,人生病时,体温一般会升高,能不能想个办法,准确地测出体温,帮助诊断病情呢?"

一天,伽利略给学生上实验课。他边操作边讲解,学生都听得入迷了。他问学生:"当水的温度升高,特别是沸腾的时候,为什么会在罐内上升?""因为水温达到沸点时,体积增大,水就膨胀上升。水冷却后,体积缩小,又会降下来。"学生做出了正确的回答。这个常识性的回答经学生一说,顿时使伽利略有了制造体温计的灵感。伽利略兴奋地想:水的温度发生变化,体积也随着变化;那么反过来,从水的体积变化不是也能测出温度的变化吗?

1593年,伽利略终于造出了第一个温度计。这支温度计是一根一端敞口的玻璃管,另一端带有核桃大的玻璃泡。使用时先给玻璃泡加热,然后把玻璃管插入水中。随着温度的变化,玻璃管中的水面就会上下移动,根据移动的多少就可以判断温度的变化和温度的高低。但是这种温度计会受外界大气压强等环境因素的影响,存在较大的误差。为了研制出更加精确的温度计,伽利略的学生和同时代的科学家们都曾努力改良,其中法国人布利奥发明的温度计有突破性的成就。他在一个全封闭的玻璃管里装上水银,并把玻璃泡缩得很小,这样温度计就具备了现代温度计的雏形。

习题 Exercises

A 组

1. 上海地区1月份的日平均气温约为（　　）。
   A. -10 ℃
   B. 5 ℃
   C. 15 ℃
   D. 20 ℃

2. 如图所示，该体温计的示数是（　　）。

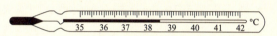

   A. 8.5 ℃
   B. 9.5 ℃
   C. 38.5 ℃
   D. 39.5 ℃

3. 如图所示，甲是体温计，乙是实验室用温度计，它们都是利用液体的性质制成的，可用来测沸水温度的是_____。体温计的量程是_____，分度值是_____。体温计可以离开被测物体来读数，是因为体温计上有个_____。

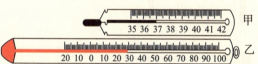

4. 如图所示是小明同学设计的一个气体温度计的示意图。瓶中装的是气体，瓶塞不漏气，弯管中间有一段液柱。这个温度计是根据_____来测量温度的。将此装置放在室内，温度升高时液柱向_____（填"左"或"右"）移动。若放到冰

水混合物中，液柱处的刻度应标_____℃。

5. 使用温度计时，首先要观察它的量程和认清它的_____。小强在用温度计测量烧杯中液体温度时读取了四次数据，每次读数时温度计的位置如图甲所示，其中正确的是_____。图乙中所示的是用温度计分别测得的冰和水的温度，那么冰的温度是_____℃，水的温度是_____℃。

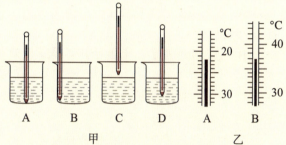

甲　　　　乙

6. 如图所示，用笔画线代替液柱，作出温度-6 ℃的位置。

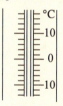

7. 有一支标度不准的温度计，内径和刻度都是均匀的，这支温度计在冰水混合物中的示数是-11 ℃，在标准大气压下沸水中的示数是99 ℃，把它放在某房间内，如果示数是11 ℃，则房间内的实际气温是多少？如果把它放在实际温度为10 ℃的环境中，则这支温度计的示数又是多少？

1. 体温计的准确程度比普通温度计高，主要原因是（　　）。

A. 体温计的量程小

B. 玻璃管的内径很细，其容积比下端玻璃泡小得多

C. 玻璃管内径有一处弯曲且特别细

D. 玻璃泡的一边凸起，有放大作用

2. 将两支内径不同、玻璃泡内水银量相等的合格的温度计同时插入一杯热水中，过一会儿会看到（　　）。

A. 两支温度计水银柱上升的高度相同，示数相同

B. 内径粗的温度计水银柱升得较高，示数较大

C. 内径粗的温度计水银升得较低，两支示数相同

D. 内径细的温度计水银柱升得较高，示数较大

3. 如图所示为伽利略温度计（烧瓶内有空气，细管中有液体），下列说法正确的是（　　）。

A. 若气温下降，气体缩小，液体下降

B. 若气温升高，液体膨胀，液体上升

C. 若气温升高，气体膨胀，液体上升

D. 比较A和B两点的值，B点的温度值要高点

4. 体温计的水银面指在38 ℃上，某同学在未甩的情况下，分别量出生病同学的三次体温，第一次为38.5 ℃，第二次为39.5 ℃，第三次为39.5 ℃，则下列说法正确的是（　　）。

A. 只有第一次正确

B. 只有第三次可能不正确

C. 只有第三次正确

D. 将第三次肯定正确，第一、二次也可能正确

5. 将一支没有刻好刻度的温度计先插放在冰水混合物中，此时水银柱长度是5 cm；然后插放在烧杯内正在沸腾的水中，此时水银柱长度为30 cm；若用该温度计测量某液体，水银柱长度是15 cm，则液体的温度是＿＿＿＿℃。

6. 温度计的原理是利用＿＿＿＿，如图所示，甲的示数为＿＿＿＿，乙的示数为＿＿＿＿，丙的示数为＿＿＿＿。

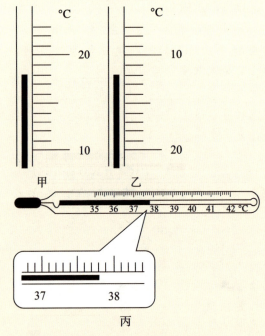

7. 温度既可以用摄氏温度表示，也可以用绝对温度表示。某一天萧县的温度是10 ℃，若用绝对温度表示则是多少开尔文？另一天中馆镇的温度为253 K，若用摄氏温度表示应该是多少摄氏度？

3.2 熔化和凝固

潮湿的地面在晴朗的白天会很快变干，水变成水蒸气。当水蒸气进入大气层时，由于温度降低会形成水珠，如果温度更低则会结成冰。通常呈气态的氮气、氧气等气体，当温度降到足够低时，也会变成液态或固态；通常呈固态的铁、铝等金属，当温度升到足够高时，也会变成液态或气态。随着温度的变化，物质一般都在气、液、固三种状态之间变化。我们把物质在各种状态之间的变化叫作物态变化（state transformation）。

3.2.1 熔 化

像冰化为水（图3.4）那样，物质由固态变成液态的过程叫作熔化（melting）。

▶视频　冰熔化成水｜图 3.4

3.2.2 凝 固

像水结成冰（图3.5）那样，物质由液态变成固态的过程叫作凝固（solidification）。
结合生活中冰的熔化和水的凝固过程，思考它们都有什么特点以及需要什么条件。其他物质熔化与凝固的特点以及条件呢？

▶视频　水凝固成冰｜图 3.5

Experiment 实验

3.2.2 晶体和非晶体

参照下图，选择适当的实验器材。分别将碎冰和石蜡放入两支试管中，然后将温度计插入试管中，并进行加热。观察碎冰和石蜡在熔化过程中温度及状态的变化。每隔相同的时间将测量的温度值填入对应的表格中。

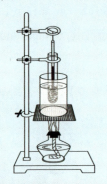

时间/min	0	1	2	3	4	…
碎冰的温度/℃						
石蜡的温度/℃						

下面两图的纵轴表示温度，横轴表示时间，请你根据上表中的数据在坐标系中描出各点，然后将这些点用平滑曲线连接起来。

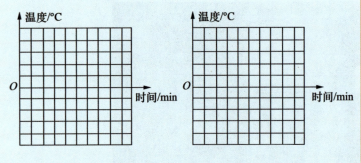

分析数据与图像可知：
冰在熔化过程中的特点是_____。
石蜡在熔化过程中的特点是_____。

晶体：有固定的熔化温度，在熔化过程中不断吸热，但温度始终保持不变，如冰、食盐、石墨、海波、金属等（图3.6）；非晶体：没有固定的熔化温度，在熔化过程中不断吸热，温度上升，如石蜡、松香、塑料、玻璃、珍珠、沥青等（图3.7）。物理学中，将晶体熔化时的温度叫作熔点（melting point）。非晶体没有确定的熔点。

权杖上的钻石、黄金等属于晶体 | 图3.6

图 3.8（a）和（b）分别是晶体和非晶体熔化时温度的变化曲线。

凝固过程与熔化过程相反。晶体凝固过程中不断放热，但温度不变，这个温度叫作<mark>凝固点（solidifying point）</mark>。晶体有固定的凝固点，与熔点相同。非晶体凝固过程中不断放热，温度不断降低，没有固定的凝固点。图3.9（a）和（b）分别是晶体和非晶体凝固时温度的变化曲线。

塑料用具属于非晶体｜图 3.7

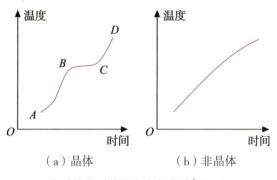

（a）晶体　　　（b）非晶体

物质熔化时的温度变化曲线｜图 3.8

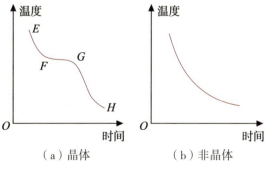

（a）晶体　　　（b）非晶体

物质凝固时的温度变化曲线｜图 3.9

> **思考**
> 1. 图3.8（a）中，AB、BC、CD各段分别表示温度怎样变化？物质在这几个时间段是吸热还是放热，处于什么状态？
> 2. 2009年12月31日凌晨，中国最冷的地方根河市静岭检查站测出了-58 ℃的极端最低气温，这时还能使用水银温度计吗？如果不能，应该使用什么温度计？

第 3 章　物态变化

科普 Popularization of Science

标准大气压下几种常见物质的熔点如表3.1所示。

表 3.1　几种常见物质的熔点（1 标准大气压）

晶体	熔点/℃	晶体	熔点/℃	晶体	熔点/℃
金刚石	3550	铝	660	冰	0
钨	3410	铅	327	固态汞	−39
铁	1530	锡	232	固态酒精	−117
铜	1083	萘	80.5	固态氮	−210
金	1064	海波	48	固态氢	−259

晶体由固态熔化成液态的过程中温度不变，但需继续加热，才能完成熔化过程。晶体由液态凝固成固态的过程中放热，但温度不变。非晶体熔化或凝固时也有吸热或放热的过程，但其温度是变化的。

夏天，我们在喝饮料时，经常会在饮料中加点冰块，究其原因，一是冰块的温度低，可以降低饮料的温度。二是冰块在熔化过程中吸热，能让饮料的温度降得更低（图3.10）。

北方的冬季，人们贮菜时往往会在地窖内放水（图3.11）。这样做主要是因为水在结冰时会放热，从而使地窖内的温度不会太低，避免蔬菜被冻坏。

地窖里的水与蔬菜 | 图 3.11

饮料中加冰块 | 图 3.10

习题 Exercises

A组

1. 深秋的早晨发现湖中水面结一层薄冰，（不计蒸发吸热）由此可知昨夜最低气温为（　　）。
   A. 0 ℃
   B. 0 ℃以下
   C. 0 ℃以上
   D. 0 ℃或0 ℃以下

2. 关于熔化和凝固，下列正确的说法是（　　）。
   A. 固体都有一定的熔点
   B. 固体在熔化时都要吸热，但温度保持不变
   C. 固体在凝固时都要放热，温度降低
   D. 晶体熔化时吸热，温度保持不变

3. 在下列"温度随时间变化"的图像中，能正确反映铁的凝固特点的是（　　）。

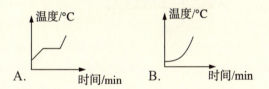

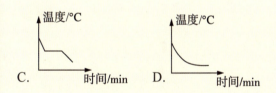

4. 下列关于雾、露、冰、霜形成原因的说法中，正确的是（　　）。
   A. 雾是水汽化形成的
   B. 露是水蒸气凝华形成的
   C. 冰是水凝固形成的
   D. 霜是水蒸气升华形成的

5. 寒冷的冬天里，室外的水缸、河面都结冰了，而腌制咸鸭蛋的盐水却没有结冰。同学们针对这一现象，提出了下列几个问题，其中较有价值又可进行探究的问题是（　　）。
   A. 为什么盐水的凝固点比纯水低
   B. 为什么盐水不结冰而水结冰
   C. 盐水的凝固点与浓度有什么关系
   D. 盐水的凝固点与哪些因素有关

6. 下列现象中利用熔化吸热的是（　　）。
   A. 加冰块会使饮料变得冰凉
   B. 向地上洒水会使周围更凉快
   C. 利用干冰降温可防止食品变质
   D. 游泳完上岸后会感到有点冷

7. 某晶体熔化时温度随时间变化的图像如图所示，根据图像判断正确的是（　　）。

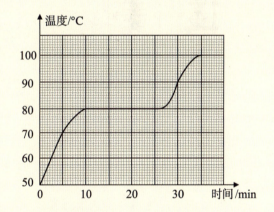

A. 开始计时后，晶体开始熔化
B. 第25 min后，晶体开始熔化
C. 温度达到80 ℃时，晶体开始熔化
D. 温度达到50 ℃时，晶体开始熔化

8. 图甲是"探究物质的熔化规律"的实验装置。实验时先将固体物质和温度计分别放入试管内，再放入大烧杯的水中，观察固体的熔化过程。

（1）试管内物质在熔化过程中，某时刻温度如图乙所示，读数方法正确的是_____（选填"A"、"B"或"C"），示数为_____℃，某同学根据实验记录的数据描绘出该物质的温度随时间变化的图像（图丙），则可知该物质是_____（选填"晶体"或"非晶体"）。

（2）在该物质熔化过程中，如果将试管从烧杯中拿出来，该物质将停止熔化。将试管放回烧杯后，该物质又继续熔化。这说明固体熔化时需要_____（选填"吸收"或"放出"）热量。

（3）根据描绘的图线，该物质在第5 min时处于_____态，该物质的熔点为_____℃，仔细观察图像发现，该物质熔化前（AB段）升温比熔化后（CD段）升温_____（选填"快"或"慢"）。

（4）图像中DE段是_____过程。

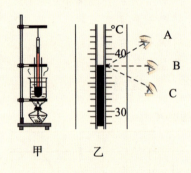

甲　　乙

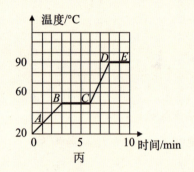

丙

B组

1. 水无常形，变化万千。下列自然现象在形成过程中需要吸收热量的是（　　）。

A. 仲夏，草叶间露珠晶莹

B. 深秋，枝头上挂满白霜

C. 初春，河流中冰雪消融

D. 寒冬，窗玻上冰花剔透

2. 下列对冰冻雪糕的相关现象的分析正确的是（　　）。

A. 包装盒粘手是凝固现象

B. 包装外面出现霜是升华现象

C. 雪糕周围冒"白气"是汽化现象

D. 吃雪糕时感到凉爽主要是液化现象

3. 如图所示是某种物质熔化时温度随时间变化的图像，下列说法错误的是（　　）。

A. 该物质是晶体

B. 该物质的熔化过程用了10 min

C. BC过程温度不变，说明该物质没有吸热

D. 该物质在CD段处于液态

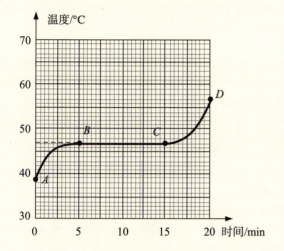

4. 关于下列图像，解释正确的是（　　）。
① 说明了液体沸腾时的温度变化特点
② 说明了物体做匀速直线运动
③ 说明了非晶体融化的温度变化特点
④ 说明了同种物质的质量和体积的关系

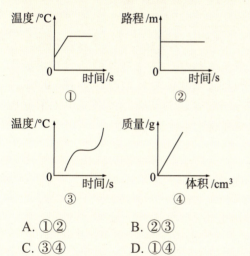

A. ①②　　　　B. ②③
C. ③④　　　　D. ①④

5. A、B两种物质受热过程中温度随时间的变化关系如图所示，其中纵坐标表示物质的温度，横坐标表示加热的时间。根据图像回答：在A、B两种物质中，属于晶体的是_____，该晶体的熔点为_____ ℃。

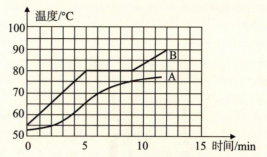

6. 小明在观察碘锤中的物态变化之前，通过查阅资料得知：酒精灯外焰的温度约为 800 ℃，碘的熔点为113.7 ℃，我们选用图_____方式加热，理由是_____。

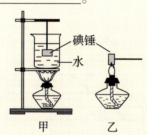

7. 每年冬天的大雪都会给人民群众的生活生产带来很多困难。小明看到抢险队员在冰雪覆盖的道路上洒大量的盐，于是他产生了这样的疑问：含盐的冰与纯净的冰熔化特点有何不同？含盐浓度不同的冰的熔化特点有无区别？为此，他进行了下列探究过程。

【设计实验】

他用同样多的适量的纯水、淡盐水、浓盐水制得纯冰、淡盐冰、浓盐冰，然后将这些冰弄碎放入试管中，在碎冰中插入温度计，记下此时温度计的示数，每隔0.5 min记录一次温度计的示数，同时观察试管中冰块状态的变化。在选择冰块吸热方式时，他遇到了一个难题，现有如图甲所示的两种方法，请你为他选择一种最佳的方法，你选择的方法是_____（选填"A"或

"B"），这样选择的理由是_____。

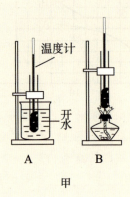

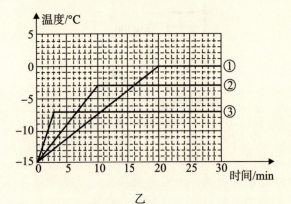
乙

【测量数据】

在相同条件下测量三者的温度变化，得到三条温度变化曲线，如图乙所示。（纯冰对应曲线①，淡盐冰对应曲线②，浓盐冰对应曲线③。）

【分析数据】

根据曲线图可知：利用盐水制成的冰_____（选填"是"或"不是"）晶体。

【得出结论】

根据分析可以得到：在冰雪覆盖的道路上洒盐，可以_____（选填"提高"或"降低"）冰的熔点。

【拓展思维】

小明通过分析实验数据和图像，又有了新发现：

（1）含盐浓度越高的冰，熔化前升温越_____（选填"快"或"慢"）。

（2）小明想起了一件事：他们在学习熔化时，也用冰块做了这样的实验，但那次做实验时，测量冰熔化时的温度不是0 ℃，请你分析造成冰的熔化温度不是0 ℃的原因。（只要讲出一点即可）

3.3 汽化和液化

每次洗完头发之后，过一会儿就自然干了，而洒在地上的水过一会儿也会消失得无影无踪。这样的现象应该如何解释呢？

实验室中经常会用到氮气，然而氮气通常是气态，在运输过程中极为不便，通常会将它转变成另外一种形态，即液态。使用时，又需要将氮气从液态转变成气态。这种由气态变成液态的过程叫作 液化（vaporization），从液态变成气态的过程叫作 汽化（liquefaction）。

3.3.1 沸 腾

我们知道烧"开"的水才能正常饮用，而这里的"开"在物理学中称为沸腾。在一定温度下，液体的内部和表面同时发生剧烈的汽化现象叫作 沸腾（boiling）。下面以水为例来探究水沸腾时温度的变化特点。

从右侧实验中可以观察

Experiment 实验

水沸腾时温度的变化特点

你知道水需要什么样的条件才会沸腾吗？沸腾过程中温度又有什么样的变化呢？

按右图安装实验器材。用酒精灯加热水，观察水在沸腾时的温度变化和现象。将测得的数据填入下列表格中。在下图中用平滑的曲线绘制出水沸腾时温度与时间的关系图。

时间/min						
碎冰的温度/℃						

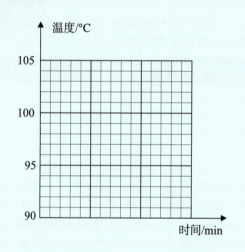

分析数据与图像可知，水在沸腾过程中的特点是_____。

到，烧杯内的水中有大量的气泡在不断上升、变大直至到水面上破裂，气泡内的水蒸气散发到空气中。水在沸腾过程中虽然继续吸热，但它的温度却保持不变。

1标准大气压下，液体沸腾时的温度叫作**沸点（boiling point）**。

科普 Popularization of Science

1标准大气压下部分物体的沸点如表3.2所示。

表 3.2 部分液体的沸点（1 标准大气压）

液体	沸点/℃	液体	沸点/℃	液体	沸点/℃
液态铁	2750	煤油	150	液态氨	−33
液态铅	1740	甲苯	111	液态氧	−183
汞	257	水	100	液态氮	−196
亚麻仁油	287	酒精	78	液态氢	−253
萘	218	乙醚	35	液态氦	−269

Experiment 实验

将气球装满水，然后放到火上烤，你猜会出现什么现象？

气球表面被烤黑了，但是气球却没有破，很神奇吧！气球接触火焰，把热量传递给水，水的沸点为100 ℃，沸腾时吸收热量，但温度不会上升，达不到橡胶的熔点，所以气球不会被融化。

▶ 视频 火烧装满水的气球

3.3.2 蒸 发

日常生活中，除了沸腾外，还有一种只在液体表面进行的汽化现象，这种现象叫作蒸发（evaporation）。例如，炎炎夏日，一段时间后你会发现水塘里的水会少很多（图3.12），晾在阳光下的湿衣服也会变干。这些现象都属于蒸发。

▶ 视频 池塘里的水变少 | 图 3.12

蒸发随时都在发生，液体温度越高、表面积越大、表面空气流动越快，液体蒸发得就越快，反之则越慢。

汽化有沸腾和蒸发两种方式，虽然都需要从周围吸热，但它们之间还是存在差异。沸腾只在特定的温度下进行，而蒸发在任何温度下都可以进行；沸腾发生在液体的表面和内部，而蒸发只会在液体的表面发生；沸腾有气泡产生，而蒸发并无气泡产生。沸腾剧烈，而蒸发缓慢。

生活中，人们利用蒸发吸热的例子有很多（图3.13）。例如，夏天人们会在地面上洒水，通过蒸发吸热进行降温；人们用酒精擦拭高烧病人体表，通过酒精蒸发吸热对高烧病人进行暂时的降温。

▲ 阳光下晒衣服

▲ 对加油站洒水

蒸发吸热的例子 | 图 3.13

3.3.3 液化

夏天，吃冰棍时可以看见冰棍附近有"白气"，自来水管外出"汗"（图3.14）；冬天，教室的窗户上会出现水珠（图3.15），从户外进入温暖的室内时眼镜上会起"雾"。这些现象都是由于水蒸气遇冷而转化成液态所导致的，物质从气态变为液态的过程叫作**液化（liquefaction）**。液体汽化时要吸热，而气体液化时需要放热，所以液化是汽化的相反过程。

日常生活中，我们用到的冰箱就是根据汽化和液化的原理制作而成的（图3.16）。老式的冰箱利用一种叫作氟利昂的物质来进行冷热转化。氟利昂易汽化和液化。液态的氟利昂经过毛细管进入冰箱内冷冻室的管子，在这里汽化吸热，使冰箱内的温度降低。汽化后的氟利昂蒸气被压缩机压入冷凝器并在冷凝器液化放热。由于氟利昂的循环流动，冰箱冷冻室才得以保持低温。

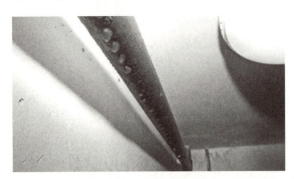

自来水管出"汗" | 图3.14

教室窗户上的水珠 | 图3.15

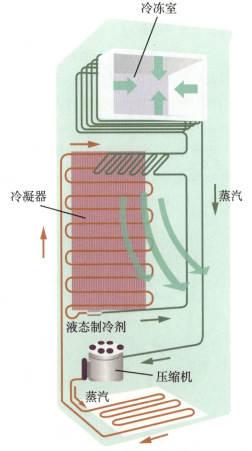

冰箱的工作原理 | 图3.16

Science Scope
科学视野

空调之父

威利斯·开利（Willis Haviland Carrier, 1876~1950），美国工程师及发明家，现代空调系统的发明者，开利空调公司的创始人，其因对空调行业的巨大贡献，被后人誉为"空调之父"。

空调的工作原理是：压缩机将气态的氟利昂压缩为高温高压的气态氟利昂，然后送到冷凝器（室外机）散热后成为常温高压的液态氟利昂，所以室外机吹出来的是热风。然后到毛细管，进入蒸发器（室内机），由于氟利昂从毛细管到达蒸发器后空间突然增大，压力减小，液态的氟利昂就会汽化，变成气态低温的氟利昂，从而吸收大量的热量，蒸发器就会变冷，室内机的风扇将室内的空气从蒸发器中吹过，所以室内机吹出来的就是冷风。

空气中的水蒸气遇到冷的蒸发器后就会凝结成水滴，顺着水管流出去，这就是空调会出水的原因。然后气态的氟利昂回到压缩机继续压缩，继续循环。制热的时候有一个叫四通阀的部件，使氟利昂在冷凝器与蒸发器中的流动方向与制冷时相反，所以制热时室外机吹的是冷风，室内机吹的是热风。这就是利用了我们学到的液化放热和汽化吸热的知识。

威利斯·开利

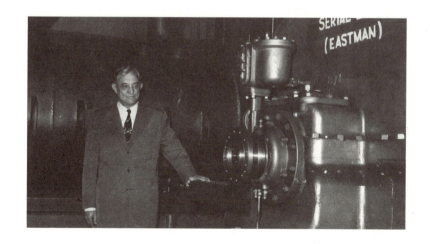

习题 Exercises

A 组

1. 下列物态变化现象中，吸热的是（　　）。
   A. 秋天房顶上结霜
   B. 铁水被浇铸成工件
   C. 冰棒冒出"白气"
   D. 湿衣服晾晒后变干

2. 如图所示，在一敞口玻璃瓶甲里盛适量的水，使之能浮在一水槽中，将另一只同样的敞口空玻璃瓶乙瓶口朝下，按入槽内水中，并固定位置，在标准大气压下，将槽内水加热到沸腾时，（　　）。

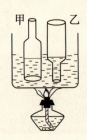

   A. 甲、乙瓶内水温都不能达到100 ℃
   B. 甲瓶内水沸腾，乙瓶内水不沸腾
   C. 甲瓶内水不沸腾，乙瓶内水沸腾
   D. 甲、乙瓶内水都不沸腾

3. 如图所示，在"探究水沸腾时温度变化的特点"的实验中，下列说法正确的是（　　）。

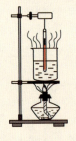

   A. 水的沸腾是一种缓慢的汽化现象
   B. 水沸腾时出现的大量"白气"是水蒸气
   C. 水的温度必须达到100 ℃时，水才会沸腾
   D. 水沸腾时温度保持不变，却需要不断吸收热量

4. 我们可以在不同的环境中看到"白气"。下面有关形成"白气"的说法，正确的是（　　）。
   A. 文艺演出时舞台上经常释放"白气"，这是干冰在常温下的升华现象
   B. 打开盖子的热水瓶口处会出现"白气"，这是瓶内水蒸气的液化现象
   C. 清晨能看到河面上有一团团的"白气"，这是河面上水蒸气的蒸发现象
   D. 夏天，打开冰箱门时常会出现"白气"，这是冰箱内水蒸气的液化现象

5. 如图所示，常温下两个烧杯分别盛有冰块和热水，上方均盖有一块玻璃，分别为a、b，过一会儿可明显看到A的_____有水珠，B的_____有水珠。（选填"内侧"或"外侧"）

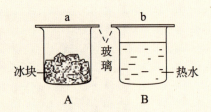

6. 小明同学在4块相同的玻璃板上各滴一滴质量相同的水，进行如图甲所示的实验探究，得出水蒸发快慢与水的温度、水的表面积和水面上方空气流动有关的结论。

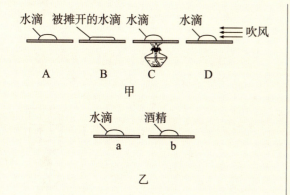

（1）通过A、D两图的对比，可知水蒸发快慢与_____有关。

（2）通过_____两图的对比，可知水蒸发快慢与水的温度有关。

（3）在相同的自然环境下，小凡同学在两块相同的玻璃板上分别滴上质量相等的水和酒精（图乙），并控制使它们的_____相同。结果发现b图中酒精先蒸发完，于是可以得出结论：在其他条件都相同的情况下，液体蒸发的快慢还与_____有关。

（4）我们知道液体蒸发时要吸热，请你举一个应用蒸发吸热的事例：_____。

7．如图所示是"探究水沸腾时温度变化的特点"的实验装置，用酒精灯给水加热至沸腾。加热至90℃时，每隔0.5 min记录一次温度，小军的记录数据见下表：

时间/min	0	0.5	1	1.5	2	2.5	3	3.5	4	4.5	5
温度/℃	90	92	93	94	95	96	97	97	98	98	98

（1）给水加热时，小军还注意观察了沸腾前后的一些现象：① 水沸腾前，容器底部_____（选填"有"或"没有"）产生气泡；② 沸腾时，水中产生大量的气泡，它们上升的过程中体积_____（选填"变大"、"不变"或"变小"），一直到液面破裂，这些气泡的气体主要是_____，它出现的原因是_____。

（2）小军还发现水沸腾时，杯口冒出许多"白气"，这些"白气"是_____（选填"水蒸气"或"小水珠"），它形成的原因是_____。

（3）水在沸腾过程中，虽然水温不变了，但酒精灯还要持续加热，表明水在沸腾过程中要_____（选填"吸收"或"放出"）热量。

（4）小军的实验中，水的沸点是_____℃，同组的小明解释说：气压越_____，沸点就越低。为了验证小明的说法，小军取走水沸腾时的烧杯纸盖，他发现温度计的示数比原来测量的沸点略微_____（选填"升高"或"降低"）一点。

1. 寒冬里，坐满人的汽车门窗紧闭，车窗玻璃会起雾，"起雾"这一现象属于_____（填写物态变化），此过程会_____（选填"吸热"或"放热"），并且这时的雾会附着在车窗玻璃_____（选填"内"或"外"）侧，使玻璃变模糊。

2. 今年炎热的夏天，李明和爸爸驾车旅游，行驶在刚下过雷雨的"352"省道上，李明感觉汽车前挡风玻璃模糊，好像附有水汽，李明建议爸爸打开雨刮器，爸爸认为应打开空调。你认为_____，因为水汽在玻璃的_____侧，你猜想的依据是_____。

3. 在观察水沸腾的实验中：

（1）如图甲所示用温度计测量水的温度，其中操作正确的是_____。

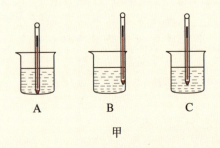

甲

（2）下表是某同学在实验中观察记录的数据，当水温升到90 ℃时开始每半分钟记录一次温度，有关数据如下：

时间/min	0	0.5	1	1.5	2	2.5	3	3.5	4	…
温度/℃	90	92	94	96	98	98	96	98	98	…

根据表中数据可知，实验测得水的沸点是_____℃，第_____分钟记录错误。

（3）水沸腾时，观察到的现象是_____。（从"吸放热""温度变化"两方面回答）

（4）实验中发现加热烧杯中的水到沸腾时，时间过长，出现这一现象的原因可能是_____。（写出一种即可）

（5）如图乙所示，小试管中装有热水，悬放在正在加热的沸水的烧杯中，小试管中的水_____（选填"能"或"不能"）沸腾，原因是_____。

4. 在"研究水的沸腾"的实验中：

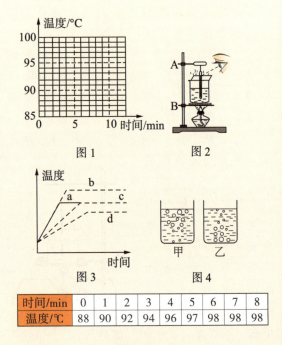

图1   图2

图3   图4

时间/min	0	1	2	3	4	5	6	7	8
温度/℃	88	90	92	94	96	97	98	98	98

（1）安装该实验装置时，应该先固定图2中A、B两铁圈中的_____铁圈。

（2）小明读温度的方法如图2所示，他在实验中的错误之处是_____。

（3）往烧杯上方加一纸盖，每隔1 min

记录一次温度计示数，直到水沸腾一段时间后停止读数，由表可知水的沸点为_____℃，根据表中数据，在图1中画出水温随时间变化的图像。

（4）在第6 min后，_____（选填"需要""不需要"）吸热。

（5）给半杯水加热，水的温度与时间的关系如图3中a所示，若其他条件不变，给一整杯水加热，则水的温度与时间的关系图像正确的是_____（选填"a""b""c""d"）。

（6）某个实验小组观察到沸腾前和沸腾时水中气泡上升过程中的两种情况，如图4所示，其中_____是沸腾时的情况。

（7）在同一实验室里，三组同学测得水的沸点分别为97 ℃、93 ℃、102 ℃；有同学猜想导致这种现象的原因是各组用的温度计有偏差，请你设计一个简单的方法验证这一猜想。

5. 炎热的夏夜里，柳倩在一间密封性较好的房间里开空调睡觉，隔天早晨起床，柳倩发现铝合金门窗的玻璃变得模糊不清了，这是什么原因？仔细想想，水珠附着在玻璃的内表面还是外表面？

6. 如图为某一中学学生在课外活动中利用高压锅模拟马德堡实验，可是他们没有抽气机，他们是怎样将高压锅里的空气排除的呢？说出你的办法。

Experiment 实验

将少量的固态碘放入烧瓶中，瓶口塞紧，放入热水中加热。当固态的碘变成紫色的碘蒸气后，将烧瓶从热水中拿出，并放入凉水中，观察有何现象，并解释出现这种现象的原因。

3.4 升华和凝华

夏天的时候，湿衣服在太阳底下一会儿就干了；冬天冰冻的湿衣服，一段时间之后也会干，这是因为衣服上的冰直接变成了水蒸气。冰可以直接变成水蒸气，说明物质能从固态直接变成气态，那么气态能不能直接变成固态呢？

物质从固态直接变成气态的过程叫作升华（sublimation），从气态直接变成固态的过程叫作凝华（deposition）。

生活中有很多升华现象，如防蛀虫的樟脑丸过一段时间会变小，最后消失。升华的过程需要吸热。我们常常会看到演员在舞台中表演时，有淡淡云雾或青烟缭绕的神奇现象，这是因为干冰（固体二氧化碳）升华过程中大量吸热，使周围的温度快速降低，水蒸气液化成小水滴，这样就形成了我们看到的淡淡云雾（图3.17）。与前面的熔化和汽化相同，升华也是一种吸热过程。

凝华是升华的相反过程。我们周围有很多现象属于凝华，例如，冬季窗户的玻璃上时常会出现冰花（图3.18），地面会有霜，树枝上会有"雾凇"（图3.19），等等。与前面

▶ 视频　干冰升华｜图 3.17

的凝固和液化相同，凝华也是一种放热过程。

干冰是人工降雨的催化剂之一，干冰在增温时是由固态直接升华为气态，而升华过程中吸热。利用飞机将干冰洒在云上，云中的小水滴会被冻结成许多小冰晶，冰晶在下落过程中熔化，形成雨滴降落地面。

▶ 视频　窗户上的冰花 | 图3.18

树枝上的"雾凇" | 图3.19

习题 Exercises

A 组

1. 下列现象属于升华的是（　　）。
   A. 放在衣柜中的卫生球慢慢消失
   B. 荷塘中荷叶上露珠的形成
   C. 嘉陵江上清晨轻盈的雾的形成
   D. 武隆仙女山上冰雪消融的过程

2. 下列现象发生的过程中，放出热量的一组是（　　）。
   ① 夏天，从冰箱里拿出来的冰棒上出现的"白霜"
   ② 秋天，清晨的雾在太阳出来后散去
   ③ 水烧开时壶嘴处出现的"白气"
   ④ 钢水浇铸成火车轮
   A. ①②③
   B. ①③④
   C. ①②④
   D. ②③④

3. 二氧化碳气体被压缩、降温到一定程度，就会形成白色的、像雪一样的固体，俗称干冰。干冰被抛到空中后，会迅速变为气体，促使其周围的水蒸气凝结成水滴或小冰晶，实现人工降雨。下列关于上述描述中包含的物态变化的说法，正确的是（　　）。
   A. 二氧化碳气体变成干冰，是凝华
   B. 水蒸气凝结成水，是凝固
   C. 干冰变成二氧化碳气体，放出热量
   D. 水蒸气凝结成小冰晶，吸收热量

4. 小丽端午节在家里帮助妈妈打扫卫生，她取下白炽灯擦干净灰尘时，发现白炽灯泡的下面与新灯泡相比变黑了一些。她通过上网查阅资料，发现这是灯丝物态变化形成的。你认为下列关于灯丝发生物态变化过程的四个说法，正确的是（　　）。
   A. 先升华，后凝华
   B. 先升华，后凝固
   C. 先汽化，后液化
   D. 先熔化，后凝固

5. 水的三种状态分别是冰、水和水蒸气。在下面空白括弧中填字，完整说明它们三者之间转化过程的名称以及吸热、放热的关系。

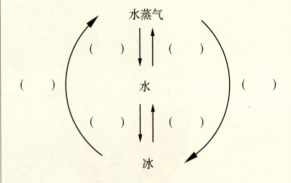

6. 某同学在"探究物态变化"的实验中，在试管中放入少量碘。塞紧盖子并放入热水中后，观察到试管中固态碘逐渐消失，变为紫色的碘蒸气并充满试管。

（1）此过程中固态碘发生的物态变化是_____（填物态变化的名称）。

（2）为了进一步探究此类现象，小明在试管中放入适量温水，然后放入一小块干冰（固态二氧化碳），此时观察到水中有大量气泡产生，同时水面上有大量白雾。水中的大量气泡是由_____形成的；水面上的大量白雾是由_____形成的。

7. 如图所示是小红进行"观察碘升华"的实验装置。她的操作是：在烧杯中放入少量的碘，烧杯口放一只装有冷水的烧瓶，用酒精灯给烧杯加热。

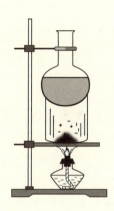

（1）结合你的探究经历，描述小红观察到的实验现象。

（2）交流评估时，小明查阅了部分物质的熔点、沸点（见右表），他发现碘的熔点是113.6 ℃，碘的沸点是184.25 ℃，酒精灯的火焰温度约为400 ℃，他认为小红所做的实验中，碘可能经历了由固态到液态再到气态的变化过程，小红的实验并不能得出碘升华的结论。请你针对小明的质疑，选用上述器材或补充必要的辅助器材设计一个实验，证明碘直接从固态变为气态，写出实验方案并扼要说明。

标准大气压下部分物质的熔点（凝固点）、沸点（℃）

物质	水	酒精	煤油	碘	铜	铁	金
熔点（凝固点）	0	-117	-30	113.6	1083	1535	1064
沸点	100	78.5	150	184.25	2360	2750	2500

B组

1. 下面所示的现象中属于凝华的是（　　）。

A. 厨房蒸屉的"白气"

B. 冬天树叶上的"霜"

C. 夏天草上的"露珠"

D. 蜡烛燃烧的"烛泪"

2. 下列热现象中属于升华的是（　　）。

A. 用铁水浇铸工件

B. 寒冷冬天有时窗玻璃上出现冰花

C. 夏天洒在地上的水很快干了

D. 衣柜里的樟脑丸过一段时间就不见了

3. 下面关于冰箱的一些现象，说法正确的是（　　）。

A. 冰箱冷冻室内的霜是水凝固而成的

B. 冰箱内壁上的很多小水珠是放进去的蔬菜溅上去的

C. 夏天打开冰箱门时出现的白雾是空气液化而成的

D. 冰箱的致冷剂应该在冰箱冷冻室汽化，在冰箱冷凝器液化

4. 有霜的季节中，农作物常会被冻坏，这就是人们常说的"霜冻"。实际上，农作物不是因为霜而受冻的，0 ℃以下的低气温才是真正的凶手。当空气干燥时，即使温度降低到-20~-10 ℃，也不会出现霜，但此时农作物早就被冻坏了，农民们称这种情况为"黑霜"。

（1）霜是由_____直接变为小冰晶形成的，对应的物态变化是_____。

（2）请根据短文，对"霜"形成的条件提出猜想。

"霜"形成的条件是_____和_____。

5. 为了验证装在密封试管里的固态碘在受热时能直接变成气态，甲同学直接把密封试管放在酒精灯火焰上，如图甲所示；乙同学将密封试管浸入装有沸水的烧杯中，如图乙所示；结果两根试管都出现了碘蒸气。已知：碘的熔点是114 ℃，沸点是184.5 ℃；水的沸点是100 ℃；酒精灯的火焰温度约为800 ℃。

根据上述信息，回答下列问题：

（1）沸水中加热的固态碘_____（选填"可能"或"不可能"）先升温到熔点熔化后，再升温到沸点汽化。

（2）酒精灯加热的固态碘_____（选填"可能"或"不可能"）先升温到熔点熔化后，再升温到沸点汽化。

（3）分析甲、乙两位同学的实验方法，_____更合理。

6. 小明看到家中日光灯管的两端各有一圈黑色（如图甲所示），从外面擦怎么也擦不掉，他觉得奇怪，于是向爸爸请教，爸爸让他在一支长试管内装入少量的碘粉，塞上底部悬挂了少量棉线的橡皮塞，用酒精灯慢慢加热，如图乙所示。

（1）加热时，小明看到碘粉还没有熔化就有紫色的烟雾升起，这是_____过程，需要_____热，同时发现棉线上好像有了紫色的霜，这是_____过程。

（2）一段时间后，小明看到离试管底一段距离处出现了一圈紫色的堆积物，这是碘_____而形成的，并且时间越长，堆积越多。由此小明推断，日光灯管上的黑圈是_____形成的。

（3）经过这个探究，小明明白了高压电线上凝结的厚冰柱（如图丙所示）经过一个无雨、无雪的寒冷夜晚变粗的原因，你认为下列分析合理的是_____。

A. 白天温度高，电线和冰柱遇热膨胀

B. 空气中的水蒸气遇到厚冰柱后变成了冰

C. 空气中的水珠遇到厚冰柱后凝固成冰

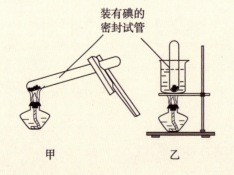

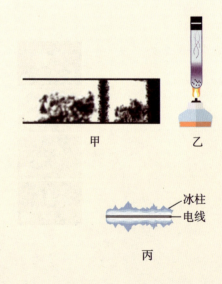

3.5 地球上的水资源

3.5.1 水循环

地球表面的水在各种状态之间不断相互转化。水以气态、液态和固态（云、雨、雪、雾、霜等）的形式在陆地、海洋和大气间不断循环的过程叫作水循环（图3.20）。地球表面的水通过形态转化在地表及其邻近的空间（对流层和地下浅层）迁移。

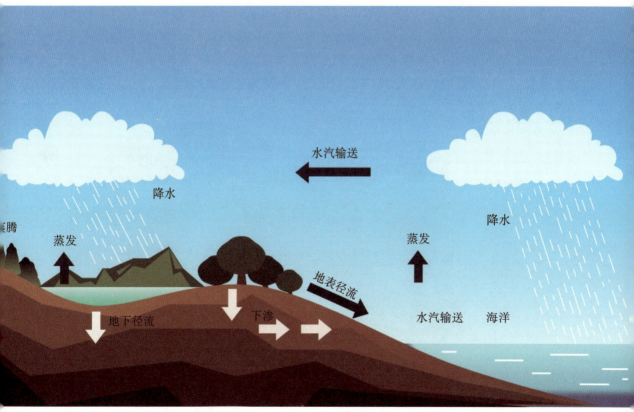

微件 地球表面上的水循环｜图3.20

3.5.2 水资源危机

缺水的土地 | 图 3.21

从古至今,人类的发展离不开水,而限制人类发展的最大阻碍也是水。水资源的危机一直是人类亟需解决的问题,缺水已经是一个世界性的现象。很多国家存在不同程度的缺水现象,其中有28个国家被列为缺水国或严重缺水国。我国的水资源也相当匮乏。

人类社会发展的过程中出现了一系列的环境问题,如土地沙化(图3.21)、河水污染等。水污染是由于有害化学物质造成水的使用价值降低或丧失(图3.22)。孕育一辈又一辈人的江、河、湖、海等正在受到严重的污染,大部分地下水也受到了不同程度的污染,水资源危机已向人类敲响了警钟。因此,节约用水和保护水资源是我们每个人的责任和奋斗目标。

污染严重的河流 | 图 3.22

习题 Exercises

A组

1. 自然界中水循环的根本动力来自（　　）。
   A. 地球自转
   B. 太阳
   C. 抽水机
   D. 人类的活动

2. 水是人类生存环境的重要组成部分。通过水的三态变化，地球上的水在不停地循环，下列关于水的三态变化分析错误的是（　　）。
   A. 阳光晒暖了海洋，海水吸热蒸发成为水蒸气上升到空中
   B. 高空中水蒸气遇冷液化成小水滴，相互聚集结成大水滴降落成为雨
   C. 冬天，水蒸气在寒冷的高空急剧降温凝固成小冰晶，小冰晶聚集变成雪花飘满大地
   D. 雪花熔化成水，和其他降水一样，汇入江河，又注入大海

3. 自然界中的水不停地运动、变化着，形成一个巨大的循环系统；陆地、海洋和大气间的水发生的循环，其中会放出热量的是（　　）。
   A. 雨水汇入江河流向大海
   B. 冰山积雪熔化变成水汇入江河
   C. 云中小水滴变成小冰晶
   D. 植物、土壤中水蒸发升入天空

4. 地球上存在着不同形式的水体，如海洋水、冰川水、地下淡水、湖泊咸水等，其中占地球总量最多的是_____，如图所示是大自然中的水循环示意图，写出图中①所代表的物态变化名称：_____，这一过程要_____热。当含有很多水蒸气的空气升入高空时，水蒸气的温度降低凝成小水滴或小冰晶，这就形成了云，云是水蒸气液化或_____形成的。在一定条件下，云中小水滴和小冰晶越来越大，就会下落，在下落过程中，小冰晶又变成了小水滴，与原来的水滴一起落到地面，就形成了雨，小冰晶的熔化过程需_____热。

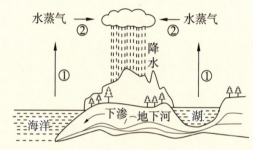

5. 地球上，水的三种状态在不断地相互转化。水的物态变化，形成了海洋、陆地、大气间的水循环。

地球上水的储量虽然很多，但是淡水资源非常紧张，仅占全球总水量的2.7%。在干旱地区可通过人工降雨的方法向天取水，其中一种方法是把干冰（固态二氧化碳）播撒到冷云中，使其周围环境温度降低，空气中的水蒸气迅速凝结成小水滴或小冰晶，形成降雨。

水是生命之源，人类一直重视水资源的利用和保护，建造水库便是重要措施之一。

（1）自然界中水的一个循环包含的物态变化有_____。

（2）地球上可以直接利用的淡水不足总水量的1%，节约用水、保护水资源是每个公民应尽的义务。下列做法中，不正确的是_____。（选填字母）

A. 建议并提倡居民使用节水龙头
B. 用喷灌、滴灌的方法浇灌园林或农田
C. 将工业废水处理达标后排放
D. 将生活污水任意排放

6. 我国是严重缺水的国家，水资源人均占有量只是世界平均值的25%，是世界上人均水资源最贫乏的国家之一。相信你通过学习，已经调查过学校和家庭的用水情况，请结合实际，提出在生活中节约用水的若干建议。

7. "五水共治"指的是治污水、防洪水、排涝水、保供水、抓节水。近年来，嘉兴市政府全力推进"五水共治"的工作，开展治污专项行动，取得了明显成效，生活污水也得到了很好的治理。

（1）下列对生活污水的处理，你认为合理的有_____。（选填字母）
A. 洗脸水、厨房用水等可以用来冲洗马桶
B. 用"洁厕灵"清洗洁具后的冲刷液不能用来直接灌溉农田
C. 将生活污水直接排入河水中
D. 有条件的地区建造污水接纳池、生化池，集中处理污水

（2）随着人们节水意识日益增强，节水型洁具已进入百姓家庭。小明家新安装了一套每次耗水量仅为5 L的节水型洁具，替换了原来每次耗水量为9 L的普通型洁具。如果小明家平均每天使用25次，则每月（30天）可节约水费_____元。（假设水费为2.5元/吨）（1 m³=1000 L）

B组

1. 水是生命的乳汁、经济的命脉，是自然界奉献给人类的宝贵资源。下列关于地球上的水循环和水资源的认知正确的是（　　）。
A. 水循环的过程伴随着水的物态变化过程
B. 水循环按照固态→液态→气态的固定顺序循环进行
C. 地球上的淡水大约占地球总水量的3%，淡水资源丰富
D. 大量开采地下水对环境不会造成损害，可以解决部分地区饮水问题

2. 用飞机向云层喷洒干冰（固体的CO_2）是一种人工降雨的方法。下面列出几个物态变化过程：
a. 干冰迅速吸热升华；
b. 干冰吸热熔解；
c. 云层中水蒸气遇冷液化成雨滴；
d. 云层中水蒸气遇冷凝华成小冰晶；
e. 水蒸气以干冰为核心凝结成雨滴；
f. 小冰晶下落遇暖气流熔化成雨滴。
在这种人工降雨过程中，发生的物态变化过程是（　　）。
A. ac
B. adf
C. bc
D. e

3. 地球上的水处于不停地运动和相互转化之中，下列不属于水循环的主要环节的是（　　）。

A. 蒸发
B. 径流
C. 水汽输送
D. 太阳辐射

4. 如图所示是关于水循环的示意图，地球上的水在不停地循环着。阳光晒暖了海洋，水变成水蒸气升到空中，形成暖湿气流。暖湿气流遇到冷空气后水蒸气液化成小水滴，变成雨。天空中的降水落到地面，一部分直接流入小溪，另一部分渗入地下，涌出地表后，变成股股清泉。许多小溪汇合，形成江河，又注入大海。

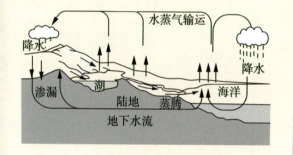

（1）分析水循环的示意图，你能得到哪些物态变化的信息？

（2）你也许注意过，天气预报中常说"……向北移动的暖湿气流和来自××地区的冷空气前锋相遇，将在我国××至××之间形成一条东西方向的降雨带……"。试说明暖湿气流携带较多的水分，为什么不一定能够带来降雨，而与冷空气相遇时才会降雨？

（3）干旱时，要实施人工降雨必须具备什么样的天气条件？实施人工降雨时常向高空抛洒干冰，请问干冰的作用是什么？

5. 我国是世界上13个最缺水的国家之一，人均淡水资源仅为世界人均水平的四分之一，世界排名第121位。我国是人口大国，一个成人每天需摄入2500 mL以上的水。我国是农业大国，种10000 m² 蔬菜需水375~525 t，10000 m² 小麦需水600~750 t，10000 m² 棉花需水525~750 t。随着社会发展，产生了大量工业和生活污染水，使有限的淡水资源遭到了严重污染。农业灌溉设备技术落后和人们节水意识淡薄，使大量水资源遭到浪费。2000年，我国北方的不少地方发生缺水现象，着实让人触目惊心，因缺水造成牲畜大量死亡，农作物严重减产，工厂停产，大街上排起买水的长龙。水资源危机的警钟已经敲响。

（1）读完后，你最强烈的感受是_____。

（2）你家所在地利用水资源方面存在的问题有：
① _____；
② _____。

（3）"节约用水，从我做起"，请提出你在生活中节约用水的措施：
① _____；
② _____；
③ _____。

6. 海洋面积占地球表面约71%，通常每1000 g海水中含氯化钠等盐类约35 g，所以海水是咸水，但它可以变成淡水"跑"到陆地上来。

（1）海水"跑"到陆地变成淡水形成天然水循环，这个过程主要包含了水的哪些物态变化？

（2）运用理化知识鉴别从海水中"跑"出来的水是淡水而不是咸水的方法有多种，请列举其中的三种。

章末总结
知识图谱 Knowledge Graph

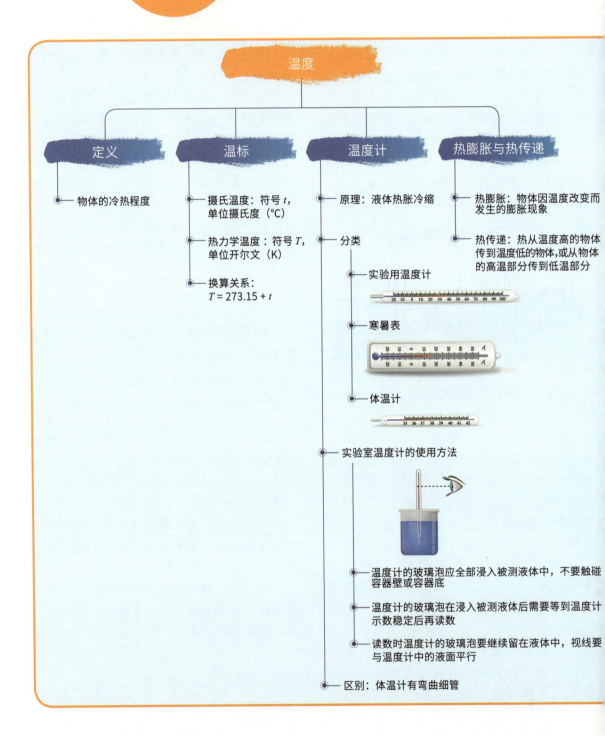

物态变化

② 三种物态　① 温度

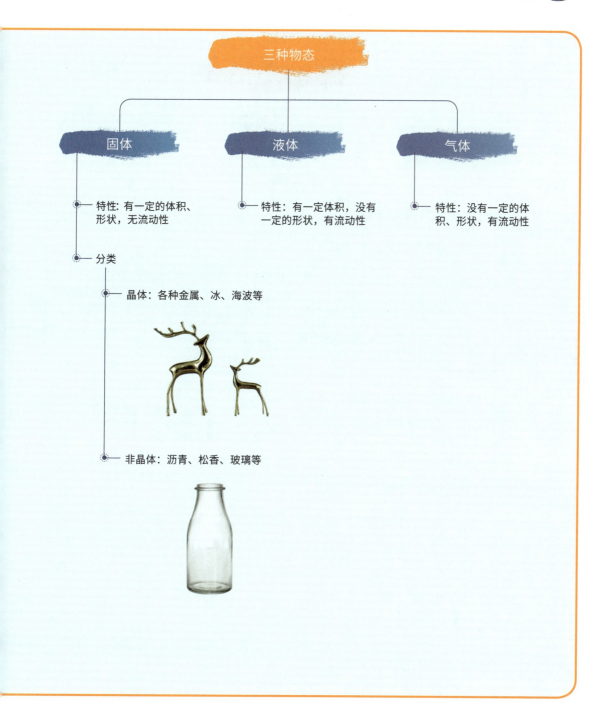

- 三种物态
  - 固体
    - 特性：有一定的体积、形状，无流动性
    - 分类
      - 晶体：各种金属、冰、海波等
      - 非晶体：沥青、松香、玻璃等
  - 液体
    - 特性：有一定体积，没有一定的形状，有流动性
  - 气体
    - 特性：没有一定的体积、形状，有流动性

第3章　物态变化

章末总结
知识图谱 Knowledge Graph

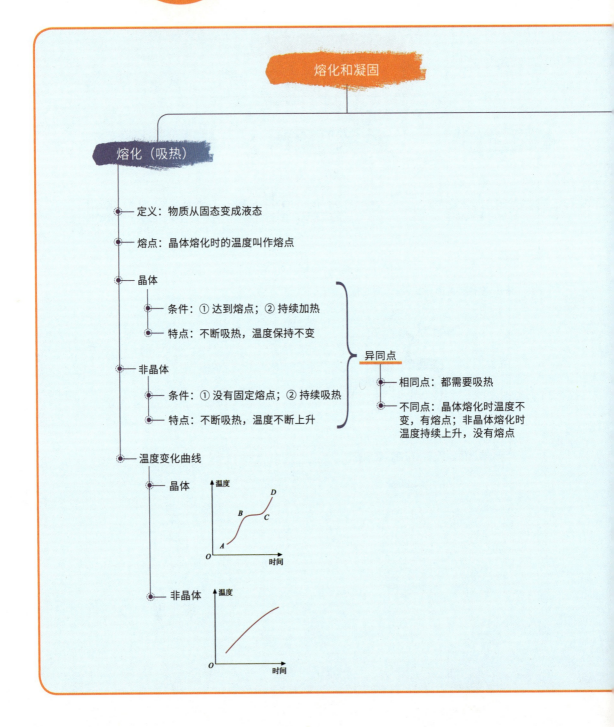

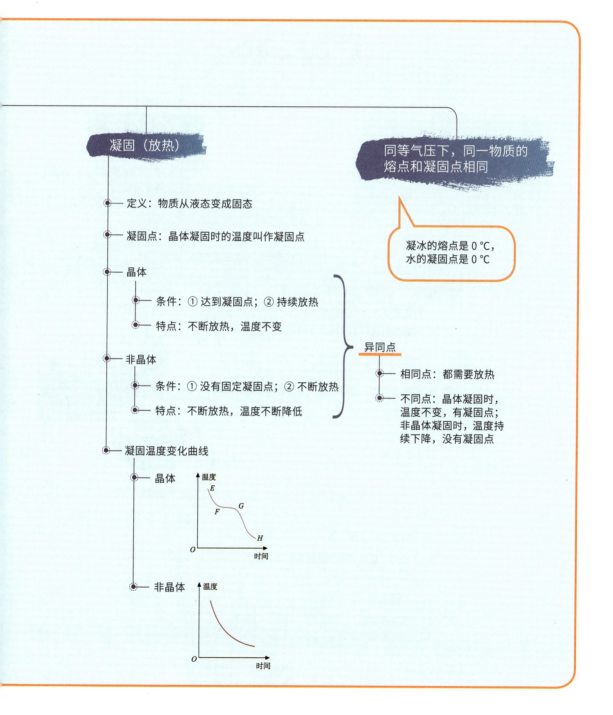

章末总结
知识图谱 Knowledge Graph

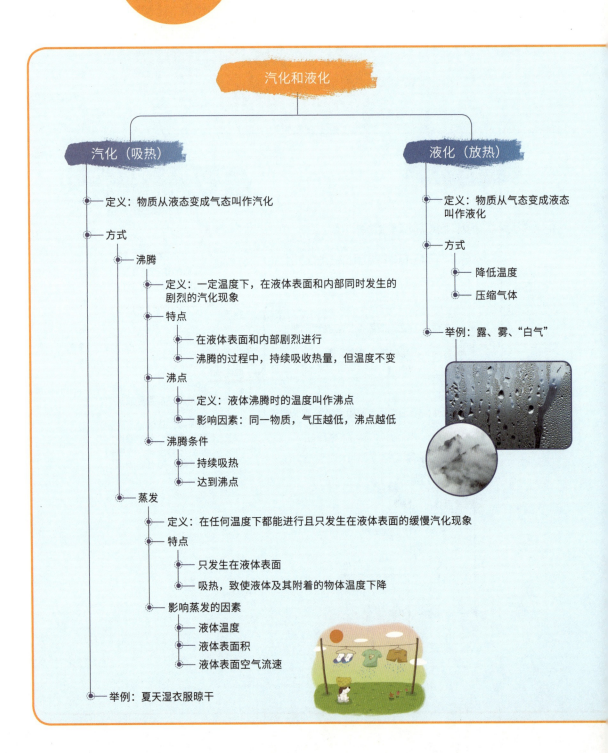

- 汽化和液化
  - 汽化（吸热）
    - 定义：物质从液态变成气态叫作汽化
    - 方式
      - 沸腾
        - 定义：一定温度下，在液体表面和内部同时发生的剧烈的汽化现象
        - 特点
          - 在液体表面和内部剧烈进行
          - 沸腾的过程中，持续吸收热量，但温度不变
        - 沸点
          - 定义：液体沸腾时的温度叫作沸点
          - 影响因素：同一物质，气压越低，沸点越低
        - 沸腾条件
          - 持续吸热
          - 达到沸点
      - 蒸发
        - 定义：在任何温度下都能进行且只发生在液体表面的缓慢汽化现象
        - 特点
          - 只发生在液体表面
          - 吸热，致使液体及其附着的物体温度下降
        - 影响蒸发的因素
          - 液体温度
          - 液体表面积
          - 液体表面空气流速
    - 举例：夏天湿衣服晾干
  - 液化（放热）
    - 定义：物质从气态变成液态叫作液化
    - 方式
      - 降低温度
      - 压缩气体
    - 举例：露、雾、"白气"

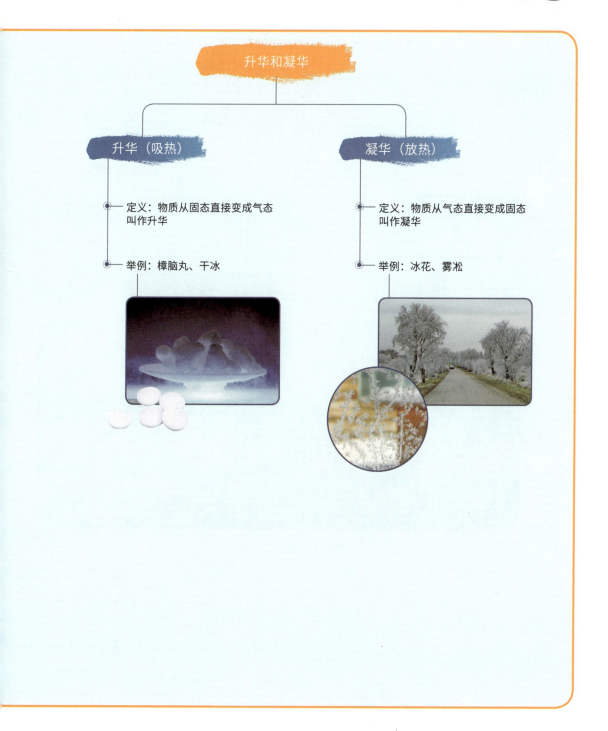

章末总结

知识图谱
Knowledge Graph

地球上的水资源

- **水循环**
  - 水以三种形式在陆地、海洋、大气层之间循环

6 地球上的水资源　升华和凝华　汽化和液化　熔化和凝固　三种物态　温度

物态变化

水资源危机

第3章　物态变化

147

迁移应用
Migrating Application

A组

1. 0 ℃ 的水与 0 ℃ 的冰相比较，（　　）。
A. 0 ℃ 的水的温度低，更冷
B. 0 ℃ 的冰的温度低，更冷
C. 二者温度相同，冷热程度相同
D. 二者状态不同，无法比较温度

2. 下列关于实验仪器使用方法的说法中，错误的是（　　）。
A. 温度计读数时，视线应与温度计液柱上表面相平
B. 使用温度计前应该甩一甩
C. 使用液体温度计读数时，温度计的玻璃泡要继续留在被测液体中
D. 使用液体温度计测量温度时，不能超出其量程

3. 右图是小明绘制的某种物质熔化时的温度-时间图像。下列说法正确的是（　　）。
A. 图线中间的水平线段表示这段时间内物体不吸热
B. 图线可能是冰的熔化过程
C. 图线可能是蜡的熔化过程
D. 图线表示晶体的熔化过程

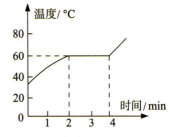

4. 下列各组物质中，全是晶体的是（　　）。
A. 冰、水、水蒸气　　　B. 铜、固态水银、石墨
C. 玻璃、沥青、石蜡　　D. 萘、松香、海波

5. 在沙漠里行走的人常用羊皮袋装水，水喝起来清凉可口，这是因为袋中的水通过羊皮上的微孔发生了（　　）。
A. 汽化　　B. 液化　　C. 升华　　D. 凝华

6. 有一种乳白色的固体物质，在 250 ℃ 时开始熔化，直到温度升高到 300 ℃ 时才熔化完，这种物质一定是_____（选填"晶体"或"非晶体"）；一般来说，冰水混合物的温度

总保持在_____℃，用质量相等的0 ℃的水和0 ℃的冰来冷却物体，_____（选填"水"或"冰"）的冷却效果较好，这是因为冰块在熔化过程中要_____。

B组

1. 温度计玻璃泡的容积比它上面的玻璃细管的容积大得多，这是为了（   ）。
A. 使用时更方便
B. 温度计离开被测物体后仍能表示该物体的温度
C. 增加温度计与被测物体的接触面积
D. 使温度计测量的温度更准确

2. 关于体温计与其他温度计的区别，下列说法不正确的是（   ）。
A. 体温计与其他温度计的区别只是长短不同
B. 体温计内有一段弯曲的细管，其他温度计里没有
C. 体温计使用前要甩动，把液柱甩到35 ℃以下，其他温度计不用甩动
D. 体温计可离开人体进行读数，其他温度计不能离开被测物体进行读数

3. 关于固体的熔化，下列说法正确的是（   ）。
A. 晶体熔化时，因为温度不变所以不吸热
B. 晶体熔化时，因为需要吸热所以升温
C. 非晶体熔化时，因为没有一定的温度所以不吸热
D. 非晶体熔化时，虽没有一定的温度但吸热

4. 下列物质中，凝固时温度保持不变的是（   ）。
A. 玻璃   B. 松香   C. 铝   D. 蜡

5. 为了有效地得到清新空气，人们经常把固体清新剂放置在厕所、汽车、饭店内。固体清新剂发生的物态变化是（   ）。
A. 熔化   B. 凝华   C. 汽化   D. 升华

6. 将盛有碘粒的烧杯放在三角架的石棉网上，把一玻璃片盖在烧杯口上，并在玻璃片上滴几滴水，如图所示，对烧杯微微加热，可以看到碘_____（填"有"或"没有"）熔化，同时看到烧杯内有_____产生。停止加热，过一会儿看到_____并附着在玻璃片和烧杯壁上，这是_____现象，同时看到玻璃片上的水在冒热气，说明_____。

7. 在"探究冰熔化时温度的变化规律"的实验中，甲组设计如图1所示的两套实验方案。

（1）你选用方案_____，理由是_____。

（2）下表是甲组的测量数据。

时间/min	0	1	2	3	4	5	6	7	…
温度/℃	-4	-2	0	0	0	0	1	2	…

请根据表中的数据在图2所示的坐标轴中绘出温度-时间图像，则冰是_____（选填"晶体"或"非晶体"）。

（3）由图像可看出，冰在熔化前，温度_____；在熔化过程中，温度_____。

（4）乙组实验时，冰熔化过程中温度计的示数如图3所示，则示数为_____。A、B两组冰熔化时的温度不同，是什么因素影响冰的熔化温度呢？请提出你的一个猜想。

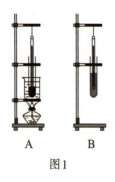

图1

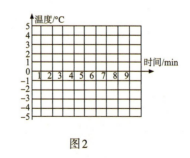

图2

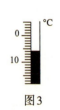

图3

第 4 章 内能与热机

■ 引言 Introduction

锡拉岛火山位于爱琴海西南部,这座火山爆发带来的灾难可能曾毁灭了一个文明。据研究,该火山在大约公元前1500年爆发过一次,引起的海啸袭击了克里特岛沿海和中部,导致了克诺索斯和爱琴海米诺斯文明突然灭绝。

火山爆发时,大量炽热的熔岩从火山口喷出,像炼钢炉流出的钢水一样流淌,无情地毁坏着它途经的一切。炽热的岩浆与被喷到高空中的火山灰和火山气体所携带的能量具有相同形式吗?

Experiment
趣味实验

将一张厚纸片剪成圆片,在圆片上画一条螺旋线,然后沿螺旋线把圆片剪开,做一条纸蛇。把纸蛇的尾部用缝衣针钉在软木塞上,蛇头垂下来。将倒挂的纸蛇放在燃烧着的蜡烛的上方,会发现纸蛇开始转动。这是为什么呢?

4.1 分子热运动

春暖花开的季节,百花争奇斗艳,花香四溢,阳光中都能嗅到一丝清香(图4.1)。花香是如何传播的呢?

4.1.1 物质的构成

从古至今,人类始终没有停止过对物质结构的探索。科学研究发现,分子(molecule)和原子(atom)是组成物质的微小颗粒。分子非常小,如果把分子看成是球形的,则一般分子的直径大约为10^{-10} m。如果设想自己变成像分子那样小,那么网球在你的眼中就变成地球那么大了。用肉眼或光学显微镜都观察不到这些极小的分子,一般需要借助电子显微镜来观察(图4.2)。

美丽的春景 | 图4.1

组成物质的分子和原子是静止不动的，还是运动的？如果是运动的，那么不同物质的分子运动的剧烈程度是一样的吗？分子或原子相互之间有没有作用力？我们可以通过物体宏观的一些表现来推测其中分子或原子的相关情况。

电子显微镜下的金原子｜图 4.2

科普 Popularization of Science

科学实验证明，原子是由位于原子中心的原子核与核外微小的电子构成的（图4.3）。原子核又是由质子和中子构成的。每个质子带1个单位的正电荷，每个电子带1个单位的负电荷，中子不带电。原子核内质子数与核外电子数相等。

原子的结构示意图｜图 4.3

4.1.2 分子热运动

经过一段时间后两个瓶子内的气体混合均匀，这表明两种不同的物质在相互接触时可以自发地彼此进入对方，这种现象叫作**扩散（diffusion）**。

Experiment 实验

取两个集气瓶，一个装满红棕色二氧化氮并用玻璃板盖住，一个装满空气，使两个瓶口相对放置，抽掉玻璃板后，观察两瓶中气体的变化。

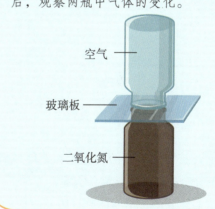

思考
1. 将装有空气和二氧化氮的集气瓶互换位置，还能说明扩散现象的存在吗？
2. 扩散现象在液体之间或固体之间也可以发生吗？

第 4 章 内能与热机

Experiment 实验

1. 用移液管将硫酸铜的水溶液缓慢加入盛有清水的量筒中，由于硫酸铜溶液比水的密度大，因此开始时能明显看到无色的清水在上层，蓝色硫酸铜溶液在下层，分层很明显。静置一段时间后会怎样呢？

开始时　　10日后　　20日后　　30日后

2. 在两个烧杯中分别装入等量的热水和冷水，用滴管分别在两个烧杯中滴入一滴红墨水，观察两个烧杯中墨水的扩散情况。

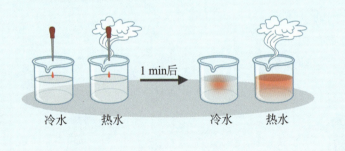

生活中，我们会发现长期堆放煤的墙角，墙壁内较深的地方会发黑。这是因为固体之间也会发生扩散，但固体的扩散过程在室温下进行得很缓慢。

大量实验表明，一切物质的分子都在不停地做无规则的运动。这种无规则运动叫作分子的热运动（thermal motion）。温度越高，分子的运动越剧烈。

像这种通过直接感知的现象来推测无法直接感知的事物的方法，称为推理法或转换法，它是物理研究中常用的方法。

4.1.3 分子间的作用力

上述扩散现象表明，分子在不停地做无规则运动。但固体和液体通常具有一定的体积，不会分散开，这是为什么呢？

下面实验中，另一侧肥皂膜的面积缩小，松弛的棉线被拉紧主要是因为肥皂膜表层分子之间存在引力。分子之间的引力使固体和液体分子不会飞散开，因此固体和液体具有一定的体积。

用手指堵住装满水的针筒，用力推入活塞，会发现水很难被压缩。这

Experiment 实 验

用细铁丝制作一个金属框，中间系一松弛的棉线，然后将此金属框浸入肥皂水中，取出后在金属框中形成肥皂膜。此时框上系的棉线亦是松弛的，用手指将棉线任意一侧的肥皂膜捅破，观察现象。

表明组成物质的分子之间不可能靠得很近，这是因为除了引力之外分子之间还存在斥力。

分子在固体、液体和气体中的运动状态不同。固体分子间的距离小，且有规律地紧挨在一起（图4.4），不容易被压缩和拉伸，所以固体具有一定的体积和形状。

气体分子之间离得较远（图4.5），且能自由地沿各个方向运动，分子间的作用力很弱，因此气体具有流动性，容易被压缩，没有固定的形状和体积。

液体分子间的距离比固体分子间的距离大（图4.6），可以在一定范围内运动，因此液体没有固定的形状，但占有一定的体积。

正常状态的物质分子间的引力与斥力基本处于平衡。引力和斥力的强弱与分子间的距离有关。如图4.7所示，当物体被拉伸时，分子间的距离变大，分子间作用力表现为引力；当物体被压缩时，分子间的距离变小，分子间作用力表现为斥力。如果两个分子之间的距离刚好使得合力（又叫分子力）大小等于0，那么这个距离叫作分子间的平衡距离，用 r_0 表示。当分子间的距离变小时，合力表现为斥力，分子相互远离；当分子间的距离变大时，合力表现为引力，分子相互靠近。

固体分子 | 图4.4

气体分子 | 图4.5

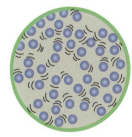

液体分子 | 图4.6

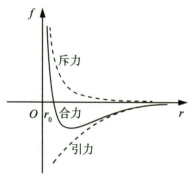

分子间作用力与距离的关系 | 图4.7

知识拓展

● 阿伏伽德罗常数

阿伏伽德罗常数是指把一定数目的微观粒子与可称量的宏观物质联系起来的一个物理量，用N_A表示，其数值为0.012 kg ^{12}C所含碳原子的个数，即$N_A=6.02\times 10^{23}$ mol^{-1}。物质的量是国际基本物理量，用n表示，单位为摩尔(mol)，表示物质所含粒子数与阿伏伽德罗常数之比，即$n=\dfrac{N}{N_A}$，1摩尔（mol）的物质中含有约6.02×10^{23}个分子，与物质种类无关。

阿莫迪欧·阿伏伽德罗

● 布朗运动

除扩散现象外，布朗运动也能证实分子的无规则运动（图4.8）。悬浮在液体或气体中的微粒永不停息地做无规则运动叫作布朗运动。悬浮在液体中的微粒不断地受到液体分子的撞击，当悬浮微粒足够小时，由于受到的来自各个方向的液体分子的撞击作用不平衡，在某一瞬间微粒在某个方向受到的撞击作用强，它就沿着这个方向运动；在下一瞬间微粒在另一方向受到的撞击作用强，它就又沿着另一方向运动，这就是布朗运动产生的原因。

布朗运动也随温度升高而愈加激烈，这表明分子的无规则运动与温度有关。

微件　布朗运动｜图4.8

Science Scope
科学视野

分子是由原子构成的，那么原子是由什么构成的呢？为了探索原子的内部结构，科学家们进行了无数的实验。他们用原子模型来表示原子，并通过实验不断地修正模型。

道尔顿原子模型

1803年，英国科学家约翰·道尔顿（John Dalton，1766~1844）建立了原子学说。他认为原子是组成物质的基本粒子，它们是微小的、不可分割的实心球（图4.9）。

AR 实心球模型 | 图 4.9

汤姆孙原子模型

英国科学家约瑟夫·约翰·汤姆孙（Joseph John Thomson，1856~1940）于1897年发现电子，从而否定了道尔顿的原子模型，并于1904年提出了"葡萄干布丁"模型（图4.10）。他认为原子是一个平均分布着正电荷的粒子，其中镶嵌着电子，中和了正电荷。

AR "葡萄干布丁"模型 | 图 4.10

卢瑟福原子模型

1909年，汤姆孙的学生英籍物理学家内斯特·卢瑟福（Ernest Rutherford，1871~1937）指导他的学生盖革（Geiger Hans Wilhelm）和马斯顿（Marsden）做了α粒子散射实验（图4.11），否定了汤姆孙的"葡萄干布丁"模型。他于1911年提出了原子结构的行星模型（图4.12）。他认为原子的大部分体积为零，原子核位于原子中心，虽体积极小但集中了原子的绝大部分质量，原子的全部正电荷在原子核内，带负电的电子按照一定轨道围绕原子核运动。

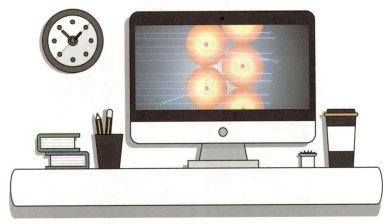

视频　α粒子散射实验 | 图4.11

AR　行星模型 | 图4.12

玻尔原子模型

1913年，丹麦物理学家尼尔斯·亨利克·戴维·玻尔（Niels Henrik David Bohr, 1885~1962）在卢瑟福原子模型的基础上，进一步提出了核外电子分层排布的原子结构模型（图4.13）。在其模型中，电子在原子核周围的固定轨道上运动。

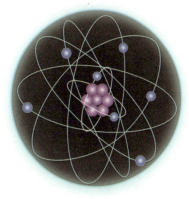

AR　核外电子分层排布模型｜图 4.13

量子力学模型

玻尔的原子模型成功地解释了氢原子和其他单电子原子的某些性质，但对于多电子原子仍存在很大的局限性。到20世纪20年代中期，德布罗意、海森伯、薛定谔等著名科学家建立的量子力学理论成为现代科学研究微观世界的基础理论，使人们对于原子结构有了更深刻的认识，从而产生了原子结构的量子力学模型。量子力学用完美的数学公式描述了电子在原子核周围出现的概率（图4.14）。量子力学中轨道的含义已与玻尔轨道的含义完全不同，它既不是圆周轨道，也不是其他经典意义下的固定轨迹，原子轨道在量子力学中可以被视为具有特定属性的电子在空间中的概率分布。

薛定谔

视频　氢原子电子云｜图 4.14

习题 Exercises

A组

1. 下列描述不属于人们用来解释热现象的分子动理论的初步知识的是（　　）。
   A. 常见的物质是由大量的分子、原子构成的
   B. 物质内的分子在不停地做热运动
   C. 分子之间存在引力和斥力
   D. 分子是由原子组成的

2. 下列现象不能说明分子在不停做无规则运动的是（　　）。
   A. 在盛有热水的杯子中放几片茶叶，过一会儿整杯水都变成了茶水
   B. 春暖花开时，能闻到花的香味
   C. 打开酒瓶盖能闻到酒的气味
   D. 空气中飘动的浮尘

3. 下列说法正确的是（　　）。
   A. 用力将橡皮绳拉长时，橡皮绳内的分子间只存在引力
   B. 压缩装在密封容器中的水时，水分子间只存在斥力
   C. 只要分子间存在斥力，分子间就肯定同时存在引力
   D. 固体很难被压缩，这表明固体分子间只存在斥力

4. 物质是由_____组成的，一切物质的分子都在不停地做_____；这种无规则运动叫作分子的_____，分子间存在着相互作用的_____和_____。

5. 杯中装满凉开水，慢慢加入两小勺细盐，则杯中的水_____（填"会"或"不会"）溢出，这说明_____。

6. 常见的物质是由极其微小的_____、原子构成的；通常液体分子之间的距离比气体的_____，分子间作用力_____。（后两空选填"大"或"小"）

7. 经过加油站时，能闻到汽油味，这是_____现象，而且在炎热的夏天，这种味儿更浓，是因为_____越高，该现象越剧烈。

8. 黑板上老师出了这样一个题目："50 mL的水加上50 mL的酒精，是多少毫升？"同学们不假思索地回答："那还不简单，等于100 mL呗。"老师告诉同学："先别急，我们来做个实验，让事实说话。"当我们先在量筒里十分细心地倒上50 mL的清水，再把50 mL酒精缓慢地倒入量筒时，杯中一片乳白色，尔后又变得晶莹透明，还冒出许多小水珠，就像刚打开的"雪碧"，仔细读数后发现量筒中液体的体积比100 mL小。这是什么原因呢？

9. 读材料，回答下列问题。
   材料：香水是一种混合了香精油、固定剂与其他物质的液体，它可让物体（通常是人体）拥有持久且悦人的气味。在生活中，如果将香水放在阴凉、避光的环境中，可以使瓶中的香水散失得更慢。
   （1）我们可以闻到香水的香味是因为_____；香水分子进入空气中的现象叫作_____。
   （2）由材料可知，香水在温度高的环境中比在阴凉的环境中散失得快。这其中的物理学原理是_____。

1. 2013年6月20日我国宇航员王亚平首次进行了太空授课。王亚平做了一个实验，实验中水呈球状而不破裂，除了失重的原因外，还主要是因为（   ）。

　　A. 水球的外表面有一层很薄的橡皮膜
　　B. 水球表面分子之间相互作用的引力大于斥力
　　C. 在实验用水中事先添加了某些特殊物质
　　D. 到外太空后，水的分子结构发生了变化

2. 水和酒精充分混合后的体积小于水和酒精原来的体积之和，这表明（   ）。

　　A. 水和酒精的分子间有空隙
　　B. 水和酒精的分子在做无规则运动
　　C. 水和酒精的分子间存在扩散现象
　　D. 水和酒精是由分子组成的

3. 关于分子间的引力和斥力，下列说法不正确的是（   ）。

　　A. 分子处于平衡位置时，引力等于斥力
　　B. 分子间的距离小于平衡位置间的距离时，引力大于斥力
　　C. 分子间的距离大于平衡位置间的距离时，引力小于斥力
　　D. 分子间的距离大于分子直径10倍以上时，分子间的相互作用力可以忽略

4. "花气袭人知骤暖，鹊声穿树喜新晴"是南宋诗人陆游《村居书喜》中的诗句。前一句从物理学的角度理解，花朵分泌的芳香是发生了_____现象，引起芳香感的物质分子_____加快，说明当时周围气温突然_____。

5. 用如图所示的装置演示气体扩散现象，其中的一只瓶中装有用向上排空气法采集来的红棕色二氧化氮气体，另一只瓶中装有空气。为了有力地证明气体发生扩散现象，请你联系实验准备、规范操作及物理知识阐明所观察到的实验现象是因为分子的无规则运动而形成的扩散现象。

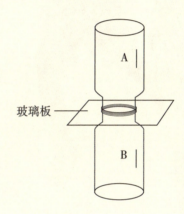

6. 在一个寒冷的冬天，小明想打电话给他爸爸，让他来接自己，但是不巧手机没电了，小明急中生智，用手捂住电池一会，再将电池放回原处，手机又能支撑一会了，请你用所学的物理知识解释这一现象。

4.2 内 能

天气寒冷的时候，两只手互相搓一搓就会感觉暖和；点燃孔明灯的蜡烛后，孔明灯就会飘上天空。这是为什么呢？

4.2.1 内能的概念

运动的物体具有动能，运动的分子同样也具有动能。分子由于热运动而具有的能叫作分子动能。温度越高，分子热运动的速度越大，它们的动能就越大。由于分子之间存在相互的作用力，从而具有与其位置相关的能，叫作分子势能。

分子动能与分子势能的总和叫作物体的内能（internal energy），单位是焦耳，符号是 J。

空中运动的篮球，除了具有重力势能和动能外，同时还具有内能。机械能只与物体的机械运动有关，内能与物体内部所有分子的热运动及分子之间的相互作用有关。内能不同于机械能，是另一种形式的能。

由于分子永不停息地做无规则运动，因此任何一个物体都具有内能。例如，气球内的气体，沸腾的热水，冷冻的食物，等等。当物体温度升高时，物体的内能增加，分子动能的总和增加；当物体温度降低时，物体的内能减少，分子动能的总和减少。

4.2.2 物体内能的改变

两个温度不同的物体相互接触后，温度低的物体的温度会上升。如铁匠在打铁时，放进火炉的铁块烧得发红，同时，铁匠也能感受到火炉里冒出的热气，身体也会发热。热从高温物体传到低温物体或者物体的高温部分传到低温部分的过程，叫作热传递。

物理学中把高温物体向低温物体传递能量的多少叫作热量（quantity of heat），一般用 Q 表示。热量的单位是焦耳（简称焦，记作 J）。热传递改变物体内能的例子有很多，如放在热汤里的汤勺变烫了；往杯子里装完热水后杯子变烫了。

右侧实验中，硝化棉会燃烧，这是因为活塞压缩气体做功，使管内空气的内能增加，管内空气温度升高，达到了硝化棉的燃点。软木塞会被顶跑，这是因为酒精灯加热使水的温度不断升高。当水沸腾时，液态的水变成水蒸气，水蒸气对软木塞做功，将软木塞推出，水蒸气的内能降低，变成小水珠，所以在瓶口处能看到"白气"。因此，做功也可以改变物体的内能。

下滑的时候是什么感觉？

思考 热传递可以改变物体的内能，除此之外还有其他途径可以改变物体的内能吗？

Experiment 实验

1. 在一个配有活塞的厚玻璃管中放一块蓬松的硝化棉，将玻璃管上方的活塞迅速压下去，观察发生的现象。

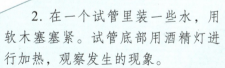

2. 在一个试管里装一些水，用软木塞塞紧。试管底部用酒精灯进行加热，观察发生的现象。

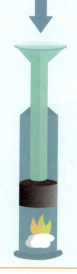

第4章 内能与热机

4.2.3 温度、内能与热量

1. 温度与内能

温度越高，分子做无规则运动越剧烈，分子的平均动能就越大，因此物体的内能越多。但温度不是内能变化的唯一标志，物体的状态变化也是内能变化的标志（如晶体的熔化、凝固，液体的沸腾等）。

2. 温度与热量

温度可以反映分子无规则运动的剧烈程度。分子运动越剧烈，物体温度越高。热量是指在热传递过程中内能转移的多少。热传递过程中，高温物体释放热量，内能减少，温度降低；低温物体吸收热量，内能增加，温度升高。两物体间不存在温度差时，虽然物体具有温度，但没有热传递，也就谈不上"热量"。

3. 热量与内能

热量反映了热传递过程中内能转移的多少。物体放出了多少热量，内能就减少多少；物体吸收了多少热量，内能就增加多少。但内能增减并不只与吸收或放出热量有关，做功也可以改变物体的内能。

知识拓展

热传递有三种基本方式：热传导、热对流和热辐射。这三种热方式可以同时进行。

● **热传导**

热传导 | 图 4.15

热从高温物体传到低温物体的现象叫作热传导（图 4.15）。热传导要依赖于物体来实现，即沿着物体传递，而在热传导过程中物质本身并不迁移。它是固体传热的主要方式。

● **热对流**

靠气体或液体的流动来传热的方式叫作热对流（图 4.16）。热对流是流体中热传递的主要方式，气体的热对流比液体明显。

热对流 | 图 4.16

● **热辐射**

物体可以通过电磁波的形式向外传递能量，这种热传递的方式叫作热辐射（图 4.17）。热辐射不需要介质，表面粗糙的、黑色的物体向外辐射热的本领比表面光滑的、浅色的物体强，同样它们吸收辐射的本领也强。

热辐射 | 图 4.17

Science Scope 科学视野

地源热泵

水总是由高处流向低处，热量也总是从高温物体传递给低温物体。利用水泵可以把水从低处抽到高处，那么如何实现把热量从低温物体传递给高温物体呢？

早在1912年瑞士就有专家提出"地源热泵"的概念，它是一种利用陆地浅层能源通过输入少量的高品位能源（如电能）实现由低品位热能向高品位热能转移的装置。地源热泵已成功利用地下水、江河湖水、水库水、海水、城市中水、工业尾水、坑道水等各类水资源以及土壤源作为地源热泵的冷、热源。

夏季时，我们把室内的热量取出来，释放到地能中［图4.18（a）］；冬季时，把地能中的热量取出来，提高换热介质的温度后，供给室内采暖［图4.18（b）］。地源热泵每消耗1 J的能量，用户通常可以得到4.4 J以上的热量。

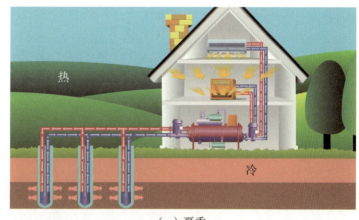

（a）夏季

（b）冬季

视频　地源热泵｜图4.18

地源热泵供暖空调系统主要分为三部分：室外地能换热系统、地源热泵机组和室内采暖空调末端系统。其中，地源热泵机有水-水式、水-空气式、空气-水式和空气-空气式四种形式。三个系统之间靠水或空气进行热量的传递，地源热泵与地能之间的换热介质为水，与建筑物采暖空调末端之间的换热介质可以是水或空气。

温室效应

太阳短波辐射可以透过大气射入地面,而地面温度升高后,放出的长波辐射被大气中的二氧化碳等物质所吸收,使大气温度增加,这就是温室效应。适度的温室效应是维持地球上生命生存环境的必要保证。

大气层中的大部分二氧化碳是自然产生的,但是自工业革命以来,人类向大气中排放的二氧化碳逐年增多,同时,由于大量的乱砍乱伐减少了二氧化碳的消耗,故温室效应越来越强,也随之带来了全球变暖等一系列严重的问题。

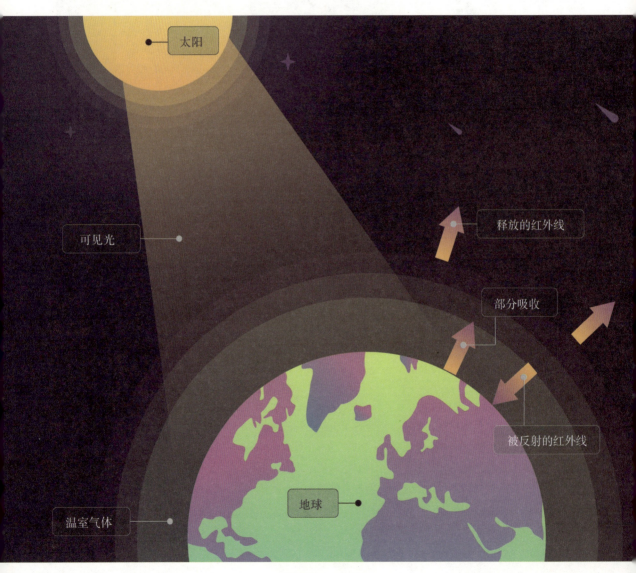

微件　温室效应

习题 Exercises

A组

1. 以下说法正确的是（　　）。
   A. 温度高的物体比温度低的物体含有的热量多
   B. 温度从高温物体向低温物体传递
   C. 热量从热量多的物体向热量少的物体传递
   D. 热量从高温物体向低温物体传递

2. 下列说法正确的是（　　）。
   A. 物体运动速度越大，每个分子的动能就越大
   B. 物体运动速度越大，物体的内能就越大
   C. 静止的物体没有动能，也没有内能
   D. 静止的物体没有动能，但有内能

3. 我们发现一根锯条的温度升高了，则（　　）。
   A. 一定是通过做功使它增加了内能
   B. 它的内能增加，既不是因为做功，也不是因为热传递
   C. 一定是通过热传递使它增加了内能
   D. 可能是通过做功，也可能是通过热传递使它增加了内能

4. 用热传递的方法改变物体的内能，实际上是_____从_____物体转移到_____物体的过程。

5. 机械能与整个物体的_____有关，内能与_____有关。因此，机械能与内能是两种不同形式的能，但它们的国际单位都是_____。

6. 请指出下面每幅图所演示的或说明的物理原理。
   （1）A图：_____。
   （2）B图：_____。
   （3）C图：_____。

物体发热 盖被顶起

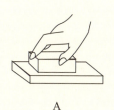
A

B

钻头发热

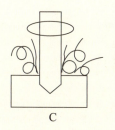
C

7. 将装有热奶的奶瓶放入室温内的水中，如甲图所示，容器中的水温约20℃，热奶的温度约90℃，经过一段时间再测量一下容器中水的温度和奶瓶中热奶的温度，发生了如乙图所示的变化。请用简短的语言描述这一物理变化过程。要求用上热传递、温度、内能、热量这几个物理名词。

甲

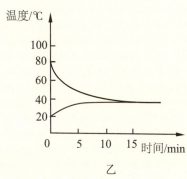
乙

B组

1. 如果在冷天里睡在地上，只有三张相同的毡子，则这三张毡子分配的最佳方案是（　　）。
   A. 全部盖在身上
   B. 全部垫在地上
   C. 一张垫在地上，两张盖在身上
   D. 两张垫在地上，一张盖在身上

2. 关于内能、热量、温度之间的关系，下列说法正确的是（　　）。
   A. 物体放出了热量，温度一定会降低
   B. 物体的内能增加，一定吸收了热量
   C. 物体的温度升高，内能一定会增加
   D. 温度相同的不同物体，它们的内能一定相同

3. 将保温瓶的夹层抽成真空，是为了减少（　　）。
   A. 热传导　　　　B. 热对流
   C. 热辐射　　　　D. 蒸发

4. 英国两名勇敢的物理学家为了进行实验，走进面包房的烤箱里，请人把烤箱的温度逐渐升高，直到箱内干燥空气的温度升到160 ℃时才停止，几小时后，两位勇敢的科学家平安无事地从烤箱中走了出来。关于科学家为什么能忍受高温，以下解释不正确的是（　　）。
   A. 空气不善于传热
   B. 人体附近空气温度为160 ℃
   C. 人体不断出汗，汗液汽化吸热，维持体温在36.5 ℃左右
   D. 为了防止人体水分流失应不断喝水

5. 发生热传递的必要条件是（　　）。
   A. 存在热的良导体　　B. 存在气体或液体
   C. 存在温度差　　　　D. 存在能辐射的热源

6. 帽子的功能很多，仅从热学角度看，夏天戴草帽主要是为了防止_____（选填"热对流""热辐射""热传导"）。

7. 把冰水混合物放在-10 ℃的冰箱冷冻室内，冰的质量将_____，而冰水混合物的温度将_____，内能将_____。（选填"变大""变小""不变"）

8. 小明在用如图所示的气筒给自行车轮胎打气后，发现气筒外管的温度明显比打气前升高很多，且越靠近气筒外筒顶部的地方，温度越高。注：在用该气筒给自行车轮胎打气的过程中，底座和内管不动，手柄和外管上下运动；活塞固定在内管顶部。请你分析产生这一现象的原因。

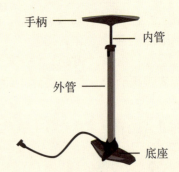

4.3 比热容

炎热的夏季，艳阳高照的白天，沙滩上的沙子热得烫脚，但海水却非常凉爽；傍晚太阳西落后，沙子很快凉了下来，但海水却仍然暖暖的。同样的日照条件，为什么沙子和海水的温度变化如此不一样？

4.3.1 物质的比热容

通过比较实验数据可知，不同种类的物质，在质量及温度的变化都相同时，所吸收（或放出）的热量一般不同。

怎样表示不同物质在这种性质上的差别呢？为此物理学中引入了比热容这个物理量。一定质量的某种物质温度升高（或降低）所吸收（或放出）的热量与物质的质量和温度变化量的乘积之比，叫作这种物质的比热容（specific heat capacity）。在国际单位制中，比热容的单位是 $J/(kg·K)$，读作焦每千克开。比热容常用符号 c 表示，单位也常写作 $J/(kg·℃)$，读作焦每千克摄氏度。一些常见物质的比热容见表4.1。

表4.1 一些常见物质的比热容

物质	比热容 $c/[J/(kg·℃)]$	物质	比热容 $c/[J/(kg·℃)]$
水	$4.2×10^3$	铁、钢	$0.46×10^3$
酒精	$2.4×10^3$	铜	$0.39×10^3$
煤油	$2.1×10^3$	水银	$0.14×10^3$
色拉油	$1.97×10^3$	铅	$0.13×10^3$
沙石	约$0.92×10^3$	木材	约$2.4×10^3$
铝	$0.88×10^3$	玻璃	$0.84×10^3$
干泥土	$0.84×10^3$	冰	$2.1×10^3$

Experiment 实验

酒精

煤油

准备两个相同的烧杯、电加热器和温度计。分别在两个烧杯中装入等量的酒精和煤油。用上面所示的装置进行实验。实验中让它们升高相同的温度，比较加热时间。

从表4.1可知，比热容较大的物质，吸收（或放出）相同的热量，其温度变化较小。生物体内含有大量的水，水的比热容比较大，因此，当环境温度变化时，可以很好地调节生物体自身的温度，不至于造成严重损害。

水的比热容比沙石和干泥土的大很多，吸收（或放出）相同的热量，其温度变化比沙石或干泥土都小得多。在沿海地区，尽管海水吸收了大量的热，但海水的温度变化并不大。在内陆、沙漠地区，白天温度上升较多，夜晚温度又降低较多。故沿海地区的昼夜温差很小，内陆和沙漠地区的昼夜温差很大。

4.3.2　物质的导热性

寒冷的冬天里，同一房间内的地板砖比地毯凉得多。若测量两者的温度又会发现它们的温度与室温是一样的，这是为什么呢？其实这是材料的导热性能不一样导致的。

物质传导热量的性能称为导热性（thermal conductivity）。导热性能好的材料叫作热的良导体，导热性能不好的材料叫作热的不良导体。导热性是物质的一种属性，不同的物质具有不同的导热性。图4.19表示一些常见物质的导热性，从左到右导热性能越来越强。

一些常见物质的导热性 | 图 4.19

4.3.3　热量的计算

比热容在数值上等于单位质量的某种物质温度升高（或降低）1 ℃所吸收（或放出）的热量。因此知道某种物质的比热容、质量及温度的改变量，就可以计算它吸收（或放出）的热量。

设物质的比热容为c，物体的质量为m，初始温度为t_0，末温度为t。

当物体温度升高时，所吸收的热量为$Q_{吸}=cm(t-t_0)$。

当物体温度降低时，所放出的热量为$Q_{放}=cm(t_0-t)$。

例4.1 在20 ℃室温下，烧开一壶5 kg的水，水吸收的热量是多少？

解：水从20 ℃室温到沸腾，温度升高了
$$t-t_0=100\ ℃-20\ ℃=80\ ℃$$
水吸收的热量为
$$\begin{aligned}Q&=cm(t-t_0)\\&=4.2\times10^3\ \text{J/}(\text{kg}\cdot℃)\times5\ \text{kg}\times80\ ℃\\&=1.68\times10^6\ \text{J}\end{aligned}$$
故水要吸收1.68×10^6 J的热量。

例4.2 质量为2 kg的某种物质温度从20 ℃升高到40 ℃时，吸收的热量是5.6×10^3 J，该物质的比热容是多少？

解：根据比热容的定义，可得
$$c=\frac{Q_{吸}}{m(t-t_0)}=\frac{5.6\times10^3\ \text{J}}{2\text{kg}\ (40\ ℃-20\ ℃)}$$
$$=0.14\times10^3\ \text{J/}(\text{kg}\cdot℃)$$
故该物质的比热容是0.14×10^3 J/(kg·℃)。

知识拓展

● 热平衡方程

在热传递过程中，如果没有热量损失，那么低温物体吸收的热量就等于高温物体放出的热量，即$Q_{吸}=Q_{放}$。这个关系叫作热平衡方程。在某一系统中，所有吸热物体各自吸收的热量之和等于所有放热物体各自放出的热量之和，即$Q_{吸总}=Q_{放总}$。此式也称为热平衡方程。

我们可以根据热平衡方程，利用混合法测定物质的比热容。

- 量热器

我们常用混合法测定物质的比热容,用到的仪器一般是量热器(图4.20)。它是由白瓷外筒和铜(或铝)质小筒组成的,小筒的底部用不传热的小支架支起来,小筒放在大筒内。支架和大筒选用热的不良导体,这样可以防止热传导散热。将筒盖盖紧可防止辐射散热。两桶间是不易传热的空气,外筒上的盖子一般用木料制成,其传热效率低。盖子上有两个小孔,一孔插温度计,用来测小筒内水(已知其质量)的初温及与待测物混合后的温度,另一孔插搅动器,用来搅拌,使投入水中的待测物(已知其质量和温度)与水迅速交换热量。

量热器｜图4.20

实验误差永不等于零,误差不会消除。在利用量热器测定物质比热容的实验中也存在实验误差,造成误差的原因一般有:① 装置与周围空气发生热交换;② 在粗略实验中常常忽略小筒与搅拌器吸收的那部分热量;③ 温度计读数不准确。

- 熔解热和汽化热

单位质量的晶体在温度达到熔点时从固态变成液态所吸收的热量,叫作这种物质的熔解热。计算的公式为 $\lambda = \dfrac{Q_{吸}}{m}$,其中 m 为晶体的质量,λ 为熔解热,单位是J/g或J/kg。

单位质量的某种液体(或气体)变成同温度的气体(或液体)所吸收(或放出)的热量,叫作这种物质的汽化热,常用单位为J/kg。不同物质有不同的汽化热,同种物质所处的温度不同,汽化热也有所不同。0 ℃时,水的汽化热为 2.5×10^6 J/kg;而100 ℃时,水的汽化热为 2.26×10^6 J/kg。

Science Scope
科学视野

海陆风的成因

在沿海地区生活一段时间会发现，白天的风通常从大海吹向陆地，夜晚的风又从陆地吹向海洋。前者我们称为海风，后者称为陆风，合称为海陆风，那么海陆风是怎么形成的呢？

海风和陆风只是在炎热晴朗的天气产生。白天，地表经太阳的照射而升温，由于陆地土壤的比热容比水的比热容小很多，因此在沿海地区陆地比海洋升温快得多。地面和海洋升温和降温的快慢不同，使空气形成了对流。

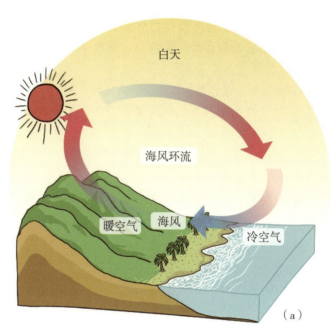

白天，贴近地面的空气温度迅速升高而向上抬升，而海水受热升温慢，贴近海面的空气温度相对较低，因此在海面和陆地上空的空气出现了气压差，海面上空的空气流向陆地，故形成海风，如图4.21（a）所示。夜晚，陆地比海水的温度降得快，海面上温度较高的空气上升，地面上温度较低的空气会下沉并流向大海，补充了因热空气上升而形成的空缺，故形成陆风，如图4.21（b）所示。

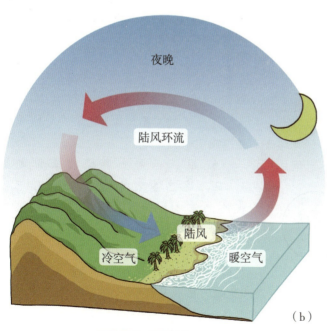

海陆风的成因 | 图 4.21

第 4 章 内能与热机

习题 Exercises

A组

1. 对公式 $c=\dfrac{Q}{m(t-t_0)}$ 的理解，下列说法正确的是（　　）。

A. 物质的比热容与物体的质量成反比

B. 比热容与物体的质量多少、温度变化大小、吸热或放热多少无关

C. 物质的比热容与物体是吸热或放热有关

D. 物质的比热容与物体的温度变化大小成反比

2. 水的比热容较大，下列做法中不是利用这一特性的是（　　）。

A. 炎热的夏天，在室内地上洒水会感到凉爽

B. 用水作内燃机的冷却液

C. 在城市里修建人工湖，除了美化环境外，还能调节周围的气温

D. 供暖系统使用热水循环供暖

3. 质量相同的两个球，已知甲球的比热容是乙球的2倍，乙球吸收的热量是甲球的2倍，那么甲球升高的温度与乙球升高的温度之比为（　　）。

A. 1∶2　　　B. 1∶1
C. 2∶1　　　D. 1∶4

4. 如图1所示，规格相同的容器装了相同质量的纯净水。用不同加热器加热，忽略散热，得到如图2所示的水温与加热时间的图线，则（　　）。

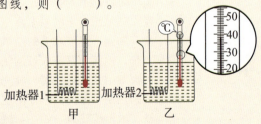

图1

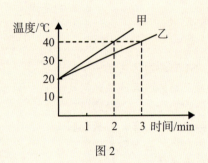

图2

A. 甲杯的水加热2 min与乙杯的水加热3 min吸收的热量相同

B. 加热相同时间，两杯水吸收的热量相同

C. 吸收相同的热量，甲杯的水升温比乙杯的水多

D. 乙中温度计示数为32 ℃

5. 一位同学用相同的酒精灯给质量相等的甲、乙两种物质加热，根据结果描绘温度-时间图像（右图）。由图可知，甲物质温度比乙物质温度升高_____（选填"快"或"慢"），甲物质比热容_____乙物质比热容（选填"大于"、"小于"或"等于"）。

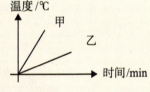

6. 甲、乙两金属球的质量之比是3∶2，比热容之比为4∶5，若它们吸收的热量之比是2∶3，则它们升高的温度之比为_____。

7. 铝的比热容为 $0.88×10^3$ J/(kg·℃)，水的比热容为 $4.2×10^3$ J/(kg·℃)。质量为0.3 kg的铝锅中放有2 kg的水，把它们从20 ℃加热到80 ℃时，问：

（1）铝锅需要多少热量？
（2）水需要多少热量？
（3）一共需要多少热量？

8. 对200 g的水加热，水的沸腾图像如图所示，请计算从开始计时到加热3 min内吸收的热量。（请写出计算过程）

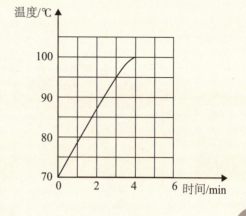

B组

1. 甲、乙两物体质量之比是3∶2，加热后温度变化之比是3∶4，吸收的热量之比是2∶5，那么它们的比热容之比是（　　）。
A. 4∶5　　　　　　B. 1∶5
C. 20∶9　　　　　　D. 16∶45

2. 冷水质量为m，吸收一定热量后温度由t_1升高到t，另有质量为$2m$的热水，放出同样热量后温度也降到t，则该热水原来的温度是（　　）。
A. $\dfrac{t-t_1}{2}$　　　　B. $\dfrac{3t-t_1}{2}$
C. $\dfrac{t+t_1}{2}$　　　　D. $\dfrac{3t+t_1}{2}$

3. 把两块质量相等、比热容分别为c_1和c_2的金属熔合为合金，则该合金的比热容为（　　）。
A. c_1+c_2　　　　　B. c_1c_2
C. $(c_1+c_2)/2$　　　D. $c_1c_2/2$

4. 使用量热器做测定铜的比热容的实验时，在以下造成实验误差的原因中，使测得的比热容值偏大的是（　　）。
A. 被加热的铜块从热水中取出后未立即投入量热器小桶的水里
B. 被加热的铜块投入量热器小桶时带了较多热水

C. 测定混合温度时，温度计的水银柱没有达到最高处就记录了温度
D. 温度计的玻璃泡放在铜块上后，未搅拌就记录了温度

5. 质量相等的甲、乙两种物质，
（1）如果吸收相等的热量，升高的温度之比$\Delta t_甲 \colon \Delta t_乙 = 2\colon 3$，那么它们的比热容之比$c_甲 \colon c_乙 =$（　　）。
（2）如果升高相同的温度，吸收的热量之比$Q_甲 \colon Q_乙 = 4\colon 3$，那么它们的比热容之比$c_甲 \colon c_乙 =$（　　）。
A. 2∶3　　　　　　B. 3∶2
C. 4∶3　　　　　　D. 3∶4

6. 将一勺冷水倒入盛有一些热水的保温容器中，使得热水温度降低6 ℃。然后又向保温容器内倒入一勺冷水，水的温度又降低了4 ℃。如果再连续倒入10勺同样的冷水，则保温容器内的水温还将降低多少？（不考虑保温容器的放热和吸热）

7. 现有三种不同液体A、B、C，它们的初温分别为15.0 ℃、25.0 ℃、35.0 ℃。若将A、B混合，则末温为21.0 ℃；若将B、C混合，则末温为32.0 ℃。若将A、C混合，则末温为多少？（不考虑热损失）

4.4　热机和社会发展

现今社会中，汽车、火车、轮船、飞机等已成为人们常用的交通工具，乘坐这些交通工具可缩短旅途的时间。这些交通工具为什么能如此飞快地"奔跑"呢？

4.4.1　热机

上述交通工具都有发动机，发动机能把燃料燃烧时释放的内能转化成机械能，像这种将燃料燃烧时释放的内能转化为机械能的装置，统称为热机（heat engine）。

热机的种类很多，有蒸汽机、汽油机、柴油机、汽轮机、喷气发动机等。燃料直接在发动机汽缸内燃烧产生动力的热机，叫作内燃机（internal-combustion engine）。常见的内燃机有汽油机和柴油机，它们分别用汽油和柴油作为燃料，其中最常见的是汽车使用的汽油机和拖拉机使用的柴油机。

汽油机与柴油机是怎样工作的呢？

4.4.2 汽油机

汽油机的燃料是汽油，如图4.22所示是一个四冲程汽油机的剖面图。汽油机的主体是一个汽缸，汽缸的上部有进气门和排气门，顶部有火花塞，下部有活塞，活塞通过连杆与曲轴相连。

汽油机工作时，汽油在汽缸内燃烧产生高温高压的燃气，推动活塞移动，活塞移动带动曲轴转动。活塞在汽缸内往复运动。我们把活塞从汽缸的一端运动到另一端的过程叫作一个冲程。四冲程汽油机的工作过程由吸气、压缩、做功、排气四个冲程组成，如图4.23所示。

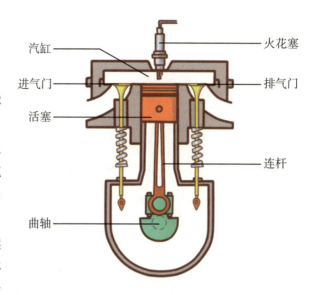

汽油机的结构｜图 4.22

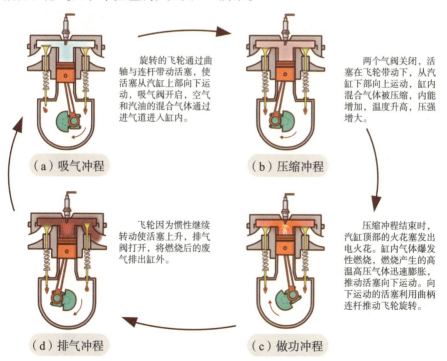

视频　汽油机的工作过程｜图 4.23

4.4.3 柴油机

柴油机的燃料是柴油，它的构造与汽油机相似，不同的是柴油机的汽缸顶部是一个喷油嘴（图4.24），通过压缩空气直接点燃柴油。

柴油机的工作过程也由吸气、压缩、做功、排气四个冲程组成。在吸气冲程中，只有空气进入汽缸。在压缩冲程中，缸内空气体积被压缩得非常小，空气的温度很高，压强很大。在压缩冲程结束时，缸内空气的温度已达到柴油的燃点，喷油嘴喷出雾状柴油

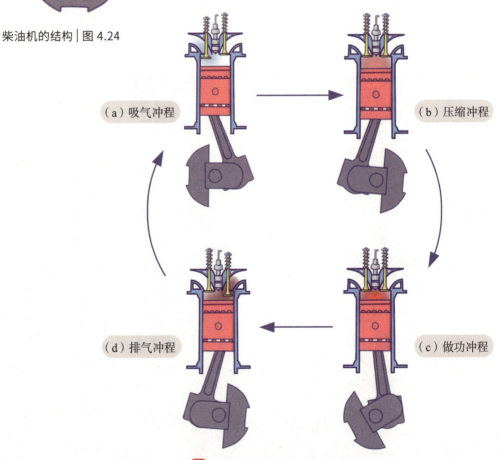

柴油机的结构｜图 4.24

视频 柴油机的工作过程｜图 4.25

后，柴油便立刻燃烧起来。这种点火方式一般称为压燃式点火。在做功冲程中，随着柴油的燃烧，汽缸内的压强和温度急剧增大，从而推动活塞对外做功。在排气冲程中，把废气排出汽缸，为下一个工作循环做好准备，如图4.25所示。

相较于汽油机，柴油机要求零件具有较高的结构强度，因此柴油机一般比较笨重，但柴油机的效率高，功率较大，柴油的价格相对汽油较便宜，因此柴油机多用于拖拉机、坦克、轮船、载重汽车以及小型发电机等，汽油机多用在小汽车、低速飞机及一些轻巧的机械上作为动力装置。随着技术的发展，柴油机各方面的缺点都有所改善，使用柴油发动机的汽车也越来越多。

内燃机具有运转速度快、质量轻、功率大等特点。内燃机自出现以来，经过不断地改进与发展，应用范围越来越广，极大地改变了人类的交通方式。

内燃机工作时，往往伴随着尾气（废气）的排放，尾气具有一定的温度，还有一些有害物质会造成大气污染，在使用的过程中要注意环境的保护。

4.4.4 燃料的热值

能够燃烧的物质叫作燃料。炒菜做饭、火力发电等都离不开燃料。从原始社会人类学会用火起，到现今，人们所使用的大部分能量依然是从燃料的燃烧中获得的。

燃料的种类很多，常见的固体燃料有木柴、煤等，液体燃料有汽油、柴油、酒精等，气体燃料有氢气、天然气等。

不同燃料燃烧释放的热量是不同的。我们把某种燃料完全燃烧时所释放的热量与其质量之比叫作这种燃料的热值（calorific value），通常用q表示。在国际单位制中，热值的单位是焦每千克，符号是J/kg。对于气体燃料，热值在数值上等于在标准状态下 1 m³ 燃料完全燃烧放出的热量，单位是焦每立方米，符号是 J/m³。

根据热值的定义，质量为m的燃料完全燃烧时所释放的热量为$Q=qm$，其中，q是燃料的热值，m是燃料的质量。

思考：分别使用木柴和天然气作为燃料，将同样质量的水加热至沸腾，所使用的燃料的质量一样吗？

表 4.2　一些燃料的热值

燃料	热值	燃料	热值
干木柴	约1.2×10^7 J/kg	柴油	4.3×10^7 J/kg
烟煤	约2.9×10^7 J/kg	煤油	4.6×10^7 J/kg
无烟煤	约3.4×10^7 J/kg	汽油	4.6×10^7 J/kg
焦炭	3.0×10^7 J/kg	氢	1.4×10^8 J/kg
木炭	3.4×10^7 J/kg	煤气	约3.9×10^7 J/m³
酒精	3.0×10^7 J/kg	沼气	约1.9×10^7 J/m³
原油	44×10^7 J/kg	天然气	7.1×10^7~8.8×10^7 J/m³

例 4.3　小彤家使用的是罐装液化气，每罐中装入的液化气质量为21 kg（液化气的热值取5×10^7 J/kg），则21 kg的液化气完全燃烧所释放的热量是多少？

解：21 kg液化气完全燃烧释放的热量为

$$Q_{放}=qm=5 \times 10^7 \text{ J/kg} \times 21 \text{ kg}=1.05 \times 10^9 \text{ J}$$

4.4.5　热机的效率

按热值计算出的热量都是燃料完全燃烧时所放出的热量，但实际生活中，燃料一般很难完全燃烧，而能够被有效利用的热量又比放出的热量要小。例如用天然气烧水，被水吸收的热量才是有效利用的热量，有一部分热量没有得到有效利用。为了最大程度地利用燃料的内能，在燃料使用的过程中可以改进的方面还有很多。例如，在使用煤炭作为燃料时，可以把煤磨成煤粉或煤粒，加大与氧气的接触面积，会比直接燃烧整个煤块的利用率高。

在内燃机中，燃料能完全燃烧吗？燃料燃烧所释放的能量都到哪里去了？

从图4.26可以看出，热机中燃料燃烧所释放的能量有很大一部分都损失了。用来做有用功的那部分能量与燃料完全燃烧所放出的能量之比，叫作热机的**效率（efficiency）**。

热机的效率是用做有用功的能量与燃料完全燃烧所放出的能量的比值来表示的，即 $\eta = \dfrac{Q_{有用}}{Q_{燃}} \cdot 100\%$。若不计热机构件所吸收的热量，设燃气放出的热量为$Q_1$，排出的气体带走的热量为$Q_2$，则热效率为 $\eta = \dfrac{Q_1 - Q_2}{Q_1} \cdot 100\%$。

不同的热机，效率不同，如推动世界第一次工业革命的蒸汽机，其效率很低，只有

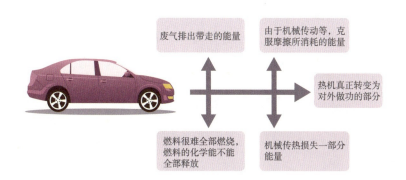

热机中燃料释放能量的主要走向示意图 | 图 4.26

6%~15%。内燃机中的燃料在汽缸内部与空气混合充分，燃烧得比较完全，所以内燃机比蒸汽机的效率高。汽油机的效率为20%~30%，柴油机的效率为30%~45%。

在做功同样多的情况下，热机的效率越高，消耗的燃料就越少，从而节约能源，减少污染，因此有必要提高热机的效率。其主要的途径是减少热机工作中的各种能量损失。首先，要减少燃烧过程中的热量损失，如内燃机要掌握好火花塞点火，或喷油嘴喷油的最佳时间；其次，要选用优良的润滑材料来减小摩擦，减少机械损伤。在热机的能量损失中，废气带走的能量最多。大型发电机常常用蒸汽轮机推动，利用蒸汽轮机排出的废气来供热，大大提高了能量的利用率。

4.4.6 热机与社会发展

现代热机的出现，改变了人类的工作方式和生活条件，促进了社会的发展。但是，煤、石油等燃料含有杂质，它们在燃烧时会产生二氧化硫等有害气体，二氧化硫和氮氧化物溶于水中发生化学变化，产生酸雨，危害农作物、森林以及湖泊中的生物，如图4.27所示。若燃烧不充分，还会产生一氧化碳，且热机排出的废气温度高于环境温度，对环境及人体都有较大危害。

为了保护环境，各国都采取了一些措

燃料燃烧的产物对环境的影响 | 图 4.27

施，如不断出台的汽车尾气排放标准，不断提高汽油、柴油的品质等。同时还在不断研制一些新技术、新材料、新工艺，如混合动力汽车、电动汽车、太阳能汽车等新型汽车，不但有利于节能减排和环境保护，而且能促进生产及提高人们的生活质量。

知识拓展

● 热机的做功

常见的四冲程内燃机的四个冲程中只有做功冲程中气体对外做功，使内能转化为机械能。在做功冲程开始时，高温高压气体在燃烧室内膨胀，气体对活塞的平均压力为F，推动活塞移动一段距离L，L也称作冲程，则气体所做的功为$W=FL$，若活塞横截面积为S，气体对活塞的平均气压为p，则$W=\overline{p}SL$，若气体做功所用时间为t，则气体做功功率为$P=\dfrac{W}{t}=\dfrac{\overline{p}SL}{t}$。

Science Scope
科学视野

内燃机的发展

从蒸汽汽车到内燃机的出现，经过了数百年的不断探索。

1866年，德国工程师尼古拉斯·奥托（Nikolaus Otto，1832~1891）成功地研制出立式四冲程内燃机，这在动力机发展史上有着划时代意义。1876年，他又试制出第一台实用的活塞式四冲程煤气内燃机。这台内燃机被称为奥托内燃机，故现在也将四冲程循环称为奥托循环。奥托的发明为汽车的出现奠定了基础。

德国人卡尔·本茨（Karl Benz，1844~1929）于1885年10月研制成功了世界上第一辆汽车。这类汽车是以汽油作为燃料的，与此同时人们也在尝试寻找其他的燃料。1897年，德国人鲁道夫·狄塞尔（Rudolf Diesel，1858~1913）成功地试制出了第一台柴油机，柴油机从设想变为现实经历了20年的时间。

在汽车创造的初期，内燃机具有很多优点，如质量轻、起步快、燃料便于携带等。但它也存在一些缺点，如启动时要用力摇手柄，噪声非常大，且会排放一些难闻的气体，严重污染了大气环境。随着科技的进步，这些缺点也在慢慢改进，性能在逐渐完善。现今汽车主要的动力机械还是内燃机。

尼古拉斯·奥托

习题 Exercises

 A组

1. 如图所示是汽油机的某个冲程，下列说法中错误的是（   ）。
   A. 此冲程是做功冲程
   B. 此冲程把内能转化为机械能
   C. 此冲程汽缸内气体的内能逐渐增大
   D. 此冲程活塞在向下运动

2. 关于热机，下列说法正确的是（   ）。
   A. 汽油机顶部有喷油嘴，柴油机顶部有火花塞
   B. 柴油机在吸气冲程中，将柴油和空气的混合气吸入汽缸
   C. 汽油机上安装一个笨重的飞轮，是为了提高它的效率
   D. 四个冲程中，做功冲程是唯一一个对外做功的冲程

3. 关于热机，下列说法不正确的是（   ）。
   A. 热机的功率越大，其工作效率越高
   B. 减少城市热岛效应的措施之一就是倡导"绿色出行"
   C. 热机是将内能转化为机械能的装置
   D. 不管技术如何改进，热机的效率都不可能达到100%

4. 汽油机是向汽车提供动力的装置，汽车在行驶时，汽油机把燃料中的化学能转化为内能，再转化为_____能。甲图为此四冲程汽油机装置工作时的_____（选填"压缩"或"做功"）冲程，此冲程气缸内气体的温度_____（选填"升高"、"不变"或"降低"）。乙图是汽油机工作时的能量转化示意图，该汽油机的效率是_____。

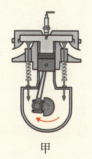

甲

乙

5. 氢能源具有来源广、无污染等优点，火箭发动机用氢作燃料是因为氢的_____很大，氢气的热值为1.4×10^8 J/kg，完全燃烧0.5 kg的氢气可放出_____J的热量；若一罐氢气用去了一半，则剩余氢气的热值_____（选填"大于"、"等于"或"小于"）1.4×10^8 J/kg。

6. 有一台汽油机在一个工作循环中消耗了5 g汽油（汽油的热值为4.6×10^7 J/kg），这些汽油完全燃烧所产生的热量是_____J，若这台汽油机的效率为40%，则一个循环中输出的有用机械能为_____J。

7. 一台柴油机的热机效率为25%，用这台柴油机工作时，完全燃烧2 kg的柴油可做多少有用功？（柴油的热值为3.3×10^7 J/kg）

8. 如图所示是某汽车内燃机的能量流向图。

（1）完全燃烧100 g汽油所放出的热量是多少？（汽油的热值是4.6×10^7 J/kg）

（2）结合图中的信息，请你计算热机放出这些热量可以输出的有用功是多少。

（3）汽车已经是许多城市环境污染的主要来源，请你具体说出使用汽车时会产生哪些污染（至少列举一种）。

B组

1. 四冲程内燃机中的哪一个冲程是把机械能转化为内能？（　　）

A. 吸气

B. 压缩

C. 做功

D. 以上都不对

2. 下列事实中，最能说明燃料燃烧所放出的热量与燃料的种类有关的是（　　）。

A. 2 g酒精完全燃烧比2 g木柴完全燃烧放出的热量多

B. 2 g酒精完全燃烧比1 g汽油完全燃烧放出的热量多

C. 2 g酒精完全燃烧比1 g酒精完全燃烧放出的热量多

D. 3 g酒精完全燃烧比2 g烟煤不完全燃烧放出的热量多

3. 热机是将内能转化成_____能的机器；热机的种类很多，汽车中内燃机工作时一般包含吸气冲程、压缩冲程、做功冲程和排气冲程等四个冲程。在这四个冲程中，使汽车获得动力的冲程是_____。

4. 分别用两个完全相同的"热得快"同时给质量和温度相同的A、B两种液体加热，它们的温度随时间变化的图像如图所示，由图像可以看出，_____液体的比热容较大。

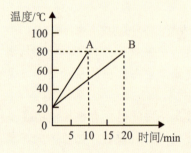

5. 工厂为了测试汽车发动机的效率，让汽车以72 km/h的平均速度行驶了140 km，用去汽油20 L，查资料得：汽油的密度为$0.7×10^3$ kg/m³，热值为$4.6×10^7$ J/kg，发动机的功率为23 kW。则汽车发动机的效率为多少？

6. 某单缸四冲程内燃机的活塞面积为100 cm²，一个冲程是0.4 m，做功冲程中燃气对活塞的平均压强是$5×10^5$ Pa，曲轴的转速是600 r/min。求：

（1）内燃机每分钟做的功是多少？

（2）内燃机的功率是多大？

7. 一汽油机在工作时的能量分布图如图所示。请你根据图中的数据参与讨论下列问题。

（1）该汽油机在工作时有哪几个方面的能量损耗？

（2）计算该汽油机的效率（设汽油完全燃烧）。

（3）对减少汽油机工作时的能量损耗，就你所知写出一条建议。

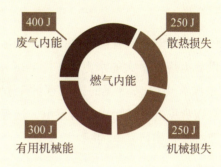

4.5 能量的转化与守恒

位于中国湖北省宜昌市境内的三峡水电站是世界上规模最大的水电站（图4.28），也是中国有史以来建设的最大型的工程项目。利用常见的水就可以进行发电，造福人类，那么水是如何发电的呢？

水电站 | 图 4.28

4.5.1 能量的转化

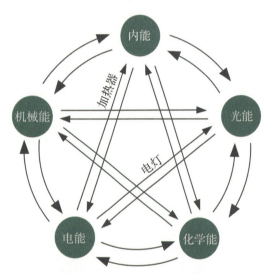

不同形式的能量可以在一定条件下相互转化 | 图 4.29

自然界中能量的形式多种多样，常见的有机械能、内能、化学能、电能、核能等。科学家们经过长期探索发现，自然界中的能量不仅可以从一个物体转移到另一物体，在一定条件下还可以从一种形式转化为另一种形式，如图4.29所示。水力发电站就是利用流动的水所具有的机械能可以转化成电能这一原理来发电的。

踢足球的时候，足球在运动过程中能量是如何转化的？足球被踢出时，获得动能；当足球向上运动时，动能转化成势能，动能减小，势能增大；到达最高点时，动能最小，势能最大；随后下落，下落过程中能量转化与上升过程相反，势能转化成动能，动能增大，势能减小（图4.30）。

4.5.2 能量守恒定律

在小球摆动过程中，势能与动能不断相互转化，如图4.31所示。小球最终会停下来，说明机械能在不断减小，这是因为小球在运动的过程中与空气摩擦产生热，一部分机械能转化成了内能。

能量的转化 | 图 4.30

思考 用一根细绳悬挂小球，在小球摆动过程中，停止用力，小球会越摆越低，直至停下来。这是为什么呢？

大量研究表明，能量既不会凭空消失，也不会凭空产生，它只会从一种形式转化为其他形式，或者从一个物体转移到其他物体，而在转化和转移的过程中，能量的总量保持不变。这就是 **能量守恒定律（law of conservation of energy）**。

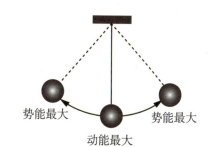

小球在摆动过程中的能量转化 | 图 4.31

能量守恒定律是自然界普遍的基本定律之一，不管经过怎样的过程，只要有能量转化，总能量都保持不变。人类对各种能量，如内能、电能、光能、核能等的利用，都是通过能量转化来实现的。

热力学发展初期，人们研究的主题是热和机械能的相互转化。人们研究怎样消耗最少的燃料而获得尽可能多的机械能，甚至幻想能制造一种机器，不需要外界提供能量，却能不断地对外做功，人们把这种机器叫作永动机（图4.32）。但直到现在也没能制造出一种永动机，这是因为它违反了能量守恒定律，永远也不可能制造出来。

一种设想的"永动机" | 图 4.32

习题 Exercises

A组

1. 从能量转化的角度来看，下列说法中错误的是（   ）。
   A. 篮球加速下落时，重力势能转化为动能
   B. 陨石坠入大气层剧烈燃烧的过程中，机械能转化为内能
   C. 干电池对外供电时，将电能转化为化学能
   D. 液化气燃烧的过程是化学能转化为内能

2. 电动自行车以快速、安全、环保等特点迅速风靡大街小巷。电动自行车运动过程中所发生的能量变化是（   ）。
   A. 电能转化为机械能
   B. 化学能转化为机械能
   C. 化学能转化为电能，再转化为机械能
   D. 电能转化为化学能

3. 关于下列装置正常工作时发生能量转化的说法，错误的是（   ）。
   A. 电饭锅主要是将电能转化为内能
   B. 电风扇主要是将电能转化为机械能
   C. 抽油烟机主要是将机械能转化为电能
   D. LED灯主要是将电能转化为光能

4. 如图所示，从斜面上滚下的小球能推动平面上的木块前进一段距离，最后小球和木块都静止。对于此现象，下列说法中正确的是（   ）。

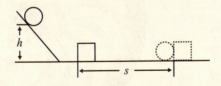

   A. 小球和木块的机械能都消失了
   B. 小球的机械能转移到木块上，但机械能的总量保持不变
   C. 小球与木块都静止后，能量不守恒了
   D. 小球和木块的机械能转化成其他形式的能量（如内能等），但能的总量保持不变

5. 众所周知，爱因斯坦是一位伟大的理论科学家，他曾发明过"环保"不耗电的电冰箱。这种电冰箱内部有一种小型的浸入式致冷器，它能浸在需要冷却的液体中。这种电冰箱根本不需要常规电源，它的运行仅靠水龙头的压力，带动一台射水泵，从而在一个气室内产生真空，水和少量甲醇则在此处化为蒸气。管中甲醇会慢慢用完，但是这种液体不但价格便宜，而且很容易获取。这种冰箱在工作时，被冷却的液体内能_____（选填"增大""减小"）。你认为这种不用电的冰箱_____（选填"遵守""不遵守"）能量守恒定律。

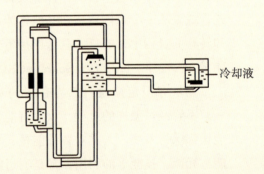

6. 2012年3月，英国的科学家研发出一种"激光橡皮"，专门用来去除白纸上的黑色碳粉字迹。激光照射下，纸张上的黑色碳粉直接升华为高温碳蒸气，同时字迹消失，这是_____能转化为_____能的过程。为防止高温对纸张的破坏，激光照射时间需严格控制。

7. 单摆在摆动过程中，高度越来越低，在这个过程中，机械能守恒吗？这是否违背能量守恒定律？分析其原因。

8. 电风扇是一种常用家电，在使用的时

候涉及很多物理知识，请回答如下问题：

（1）电风扇在工作过程中，能量主要是怎样转化的？实现这种转化的部件是什么？

（2）我们经常用电风扇吹潮湿的地板使其尽快干燥。请你分析其中的原因。

B组

1. 下列关于能量的转化和守恒的说法，正确的是（　　）。

A. 因为能量是守恒的，所以不存在能源危机

B. 人们对太阳能的开发和利用，说明能量可以凭空产生

C. 任何制造永动机的设想，无论它看上去多么巧妙，都是一种徒劳

D. 轻绳一端固定在天花板上，另一端连接一重物在竖直面内来回摆动许多次后总会停下来，说明这个过程中的能量不守恒

2. 根据能量守恒定律，以下情形可能发生的是（　　）。

A. 出膛的子弹射穿木板，以更快的速度继续前进

B. 电水壶里的水沸腾了，给该电水壶断电，水的沸腾却永远不会停止

C. 孤岛上被人们遗忘的一只机械表，表针可以一直默默地走下去

D. 两个斜面相对接，小球从左斜面滚下后，继续冲上右斜面

3. 对于下列现象中能量转化情况的说法，正确的是（　　）。

A. 滑冰时，冰刀和冰之间相互摩擦，出现一道痕迹，是内能转化为机械能

B. 洗澡时，用毛巾擦背，感觉后背热，是机械能转化为内能

C. 用电热水壶烧水，壶中的水沸腾时，壶盖不断地跳动，是电能转化为内能，内能再转化为机械能

D. 用电动机带动砂轮转动，在砂轮上磨刀，有火星飞出，是电能转化为机械能，机械能再转化为内能

4. 各种形式的能在一定条件下可以相互转化，如图已给出了两个实例，请你补充其余两个。

5. 写出下列各现象的能量转化过程：

A. 水沸腾时，壶盖跳动＿＿＿＿＿＿＿；

B. 热机的压缩冲程＿＿＿＿＿＿＿；

C. 机械闹钟定时响铃时＿＿＿＿＿＿＿；

C. 爆竹点火后腾空而起＿＿＿＿＿＿＿。

6. 小华在做滚摆实验时发现滚摆每次上升的高度逐渐减小："这是否说明在动能、势能相互转化的过程中，整个装置的能量不守恒？这不是与能量守恒定律相矛盾吗？"请你帮助小华解决他的困惑。

7. 某同学用这样一种装置来发电：在距离地面 h 高处修建一个大水池，让水池的水通过导水渠冲向地面，利用水渠中的流水带动发电机发电，发电机发出的电能一部分用来照明，另一部分用来将流下的水全部抽回水池。这样就永远有供照明的电了！你认为它可行吗？为什么？

章末总结

知识图谱
Knowledge Graph

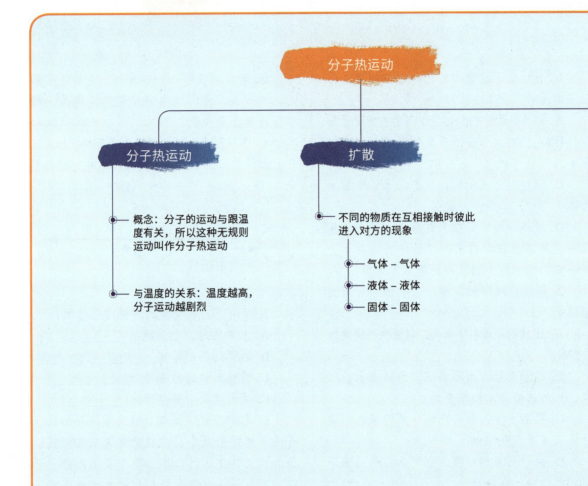

内能与热机

能量的转化与守恒 — 热机和社会发展 — 比热容 — 内能 — **分子热运动**

分子动理论
- 物质是由分子、原子组成的
- 分子之间存在间隙
- 一切物质的分子都在不停地做无规则运动
- 分子间存在相互作用的引力和斥力
  - 固体分子间距离小，不易被压缩或拉伸
  - 液体分子间距离比固体大，可以在一定范围内运动
  - 气体分子间距离大，能自由地沿各个方向运动，分子作用力很弱

> 正常状态的物质分子间引力与斥力基本平衡，分子间距离变大，分子作用力表现为引力；分子间距离变小，分子作用力表现为斥力

阿伏伽德罗常数(N_A)
- 其数值为 0.012 kg ^{12}C 所含碳原子的个数，即 $N_A=6.02\times 10^{23}$ mol^{-1}

布朗运动
- 悬浮在液体或气体中的微粒永不停息地做无规则运动叫作布朗运动
- 与温度有关

第 4 章 内能与热机

章末总结

知识图谱 Knowledge Graph

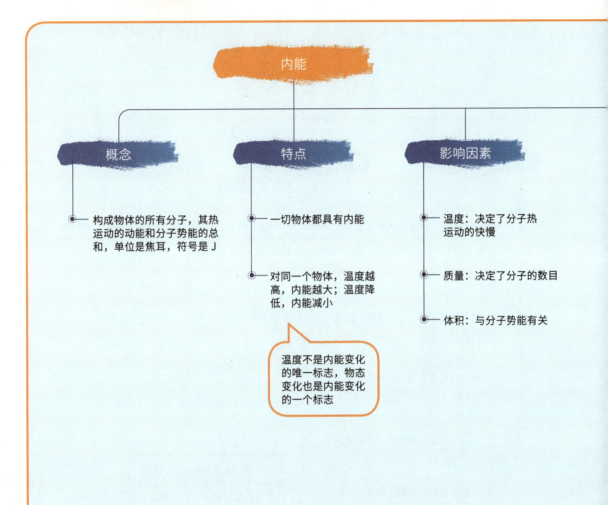

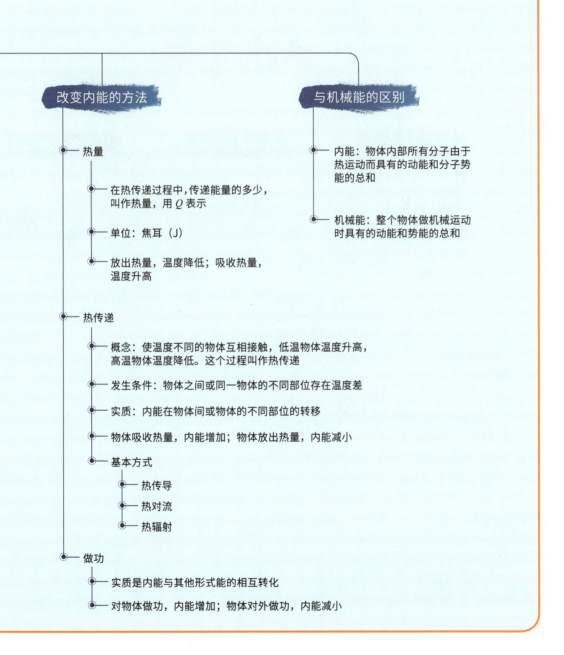

章末总结
知识图谱 Knowledge Graph

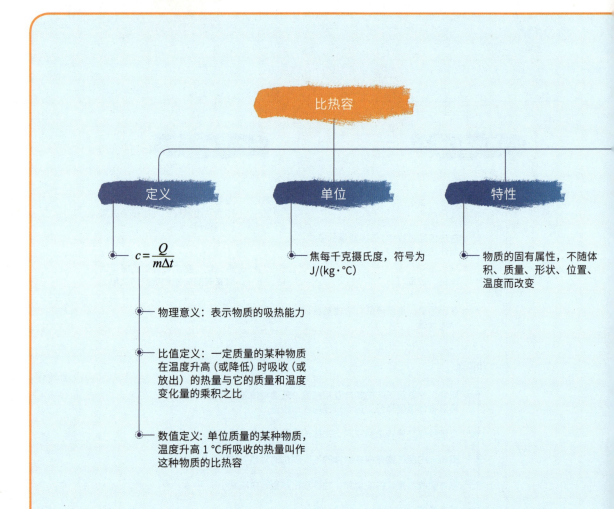

声光热能
Acoustics, Optics, Heat and Energy

3 比热容

内能与热机

能量的转化与守恒　热机和社会发展　比热容　内能　分子热运动

常见物质的比热容

物质	比热容 /[J/(kg·℃)]	物质	比热容 /[J/(kg·℃)]
水	4.2×10^3	铁、钢	0.46×10^3
酒精	2.4×10^3	铜	0.39×10^3
煤油	2.1×10^3	水银	0.14×10^3
色拉油	1.97×10^3	铅	0.13×10^3
沙石	约0.92×10^3	木材	约2.4×10^3
铝	0.88×10^3	玻璃	0.84×10^3
干泥土	0.84×10^3	冰	2.1×10^3

热量的计算

- $Q_{吸}=cm(t-t_0)$
- $Q_{放}=cm(t_0-t)$

章末总结
知识图谱 Knowledge Graph

热机和社会发展

内燃机

- 原理：化学能 – 内能 – 机械能
- 分类
  - 汽油机
  - 柴油机
- 四冲程

气体做功功率为 $P = \dfrac{W}{t} = \dfrac{\bar{p}SL}{t}$，$\bar{p}$ 为平均气压

(a) 吸气冲程 — 吸气冲程：进气门打开，排气门关闭，活塞向下运动，汽油和空气混合物进入汽缸

(b) 压缩冲程 — 压缩冲程：进气门和排气门都关闭，活塞向上运动，燃料混合物被压缩。机械能转化为内能

(c) 做功冲程 — 做功冲程：压缩冲程末，火花塞产生电火花，使燃料燃烧，活塞向下运动，对外做功。内能转化为机械能

(d) 排气冲程 — 排气冲程：进气门关闭，排气门打开，活塞向上运动，废气排出汽缸

每个循环，曲轴转动两圈。只有做功冲程中燃气对外做功，其他冲程依靠安装在曲轴上的飞轮的惯性来完成

- 汽油机与柴油机的区别

	汽油机	柴油机
燃料	汽油	柴油
结构	缸顶是火花塞	缸顶是喷油嘴
点火方式	压缩冲程末，火花塞产生电火花点燃汽油，称为点燃式	压缩冲程末，通过压缩空气使温度超过柴油的燃点，直接点燃柴油，称为压缩式
效率	效率低，20%~30%	效率高，30%~45%

内能与热机

④ 热机和社会发展 | 能量的转化与守恒 | 比热容 | 内能 | 分子热运动

热机的效率

- 燃料的热值
  - 定义：某种燃料完全燃烧时所放出的热量与其质量之比，通常用 q 表示
  - 单位：焦每千克，J/kg（气体：焦每立方米，J/m^3）
  - 公式：$Q = qm$

- 热机的效率
  - 定义：用来做有用功的那部分能量与燃料完全燃烧所放出的能量之比
  - 公式：$\eta = \dfrac{W_{有用}}{W_{总}} \times 100\%$
  - 提高效率的方法：减少热机工作中的各种能量损失

- 环境保护
  - 提高热机效率
  - 减少热机排放的有害物质
  - 控制废气的排放总量

第 4 章 内能与热机

章末总结
知识图谱
Knowledge Graph

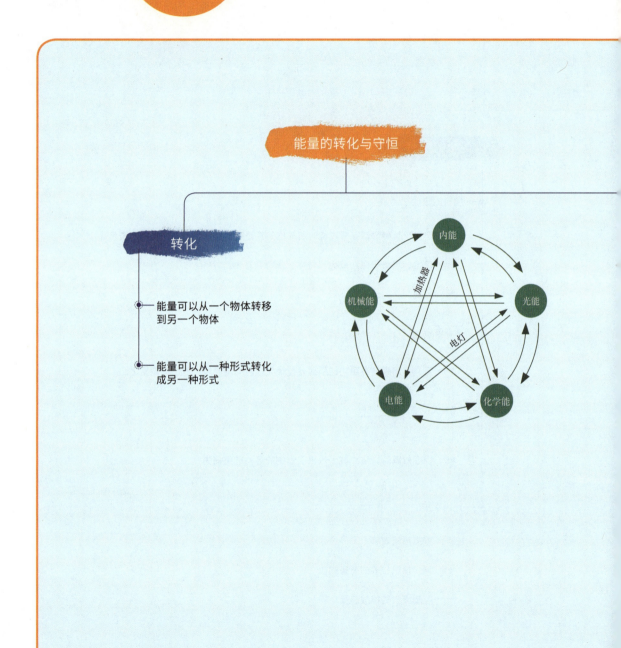

5 能量的转化与守恒

内能与热机：能量的转化与守恒 · 热机和社会发展 · 比热容 · 内能 · 分子热运动

守恒
- 能量既不会凭空消失，也不会凭空产生，只会从一种形式转化成另一种形式，或者从一个物体转移到另一个物体。在转化和转移的过程中，能量的总量保持不变

利用
- 水力发电、风力发电等

第 4 章 内能与热机

迁移应用
Migrating Application

A 组

1. 关于内能，下列说法正确的是（　　）。
A. 温度在0 ℃以下的物体没有内能
B. 物体内能增加温度一定升高
C. 物体内能增加一定是吸收了热量
D. 一个物体温度升高，内能一定增加

2. 汽油机和柴油机有很多的异同点，下列有关四冲程汽油机和柴油机的异同点说法不正确的是（　　）。
A. 汽油机和柴油机都是内燃机
B. 吸气冲程中，汽油机吸入的只有空气，柴油机吸入的是柴油和空气的混合物
C. 汽油机和柴油机的一个工作循环对外只做一次功，活塞往复两次
D. 柴油机压缩冲程末的温度比汽油机高，燃料燃烧更完全，效率比汽油机高

3. 要提高热机的效率，应采取（　　）。
A. 多燃烧燃料
B. 用热值大的燃料
C. 提高热机的功率
D. 减少各种能量损失，保证良好润滑

4. 如图所示的实验中，试管内的水沸腾后，能将小叶轮旋转起来。在这个实验中，燃料的化学能转化为_____，传给水，水沸腾变成水蒸气，水蒸气驱动叶轮转动，这样，_____就转化成了叶轮的机械能。

燃料盒

5. 质量为5 kg的某种金属块，温度从40 ℃升高到70 ℃时吸收了1.95×10^4 J热量，这种金属块的比热容是多少？它可能

是哪种金属？

几种物质的比热容/[J/(kg·℃)]	
铝 0.88×10^3	铅 0.13×10^3
铁 0.46×10^3	铜 0.39×10^3

6. 将500 g温度为75 ℃的热水加入一定质量、温度为15 ℃的冷水中，不计热量损失，热平衡（热水和冷水温度相等）后水的温度是25 ℃，问原来冷水的质量是多少千克？

7. 某家庭用的燃气热水器，将20 kg的水从20 ℃加热到70 ℃，完全燃烧了0.2 kg的燃气。已知水的比热容为4.2×10^3 J/(kg·℃)，燃气的热值为5×10^7 J/kg。求：
（1）燃气完全燃烧所放出的热量Q_1；
（2）水吸收的热量Q_2；
（3）该热水器烧水的效率η。

B 组

1. 关于热和能的知识，下列说法正确的是（　　）。
A. 生火烧水，是利用做功的方法增大水的内能
B. 燃料燃烧时放出了热量，所以能的总量增加
C. 内燃机的做功冲程，是将电能转化为内能
D. 北方冬天的"暖气"输送，用水作介质，是因为水具有比热容大的特点

2. 下列说法正确的是（　　）。
A. 热机效率越高，所做有用功就越多
B. 质量相等的两块金属，比热容大的吸收热量多
C. 质量相等的两种燃料完全燃烧，热值大的放出热量多
D. 压缩铁块时，铁块分子之间只存在斥力，不存在引力

3. 汽油机和柴油机相比较，下列叙述正确的是（　　）。
A. 柴油机吸入汽缸的是柴油和空气的混合物，汽油机吸入的是空气

B. 柴油机里推动活塞做功的燃气的压强比汽油机里的高
C. 在压缩冲程中，它们的压缩程度是一样的
D. 在压缩冲程末，汽油机汽缸内的温度比柴油机的高

4. 行驶中的汽车在紧急刹车时，刹车片会发烫，这是通过_____的方式增加物体内能的。若汽车行驶过程中消耗汽油2 kg，则这些汽油完全燃烧能放出_____J的热量。（汽油的热值为$4.6×10^7$ J/kg）

5. 2017年5月我国首次海域可燃冰试采成功。可燃冰外观像冰，主要含有甲烷水合物，还含有少量二氧化碳等物质。它属于_____（填"可再生"或"不可再生"）能源。1 m^3可燃冰在常温常压下可释放出164 m^3的天然气。若完全燃烧5 m^3可燃冰所产生的热量至少为_____J（天然气的热值为$3.2×10^7$ J/m^3）。试写出可燃冰具备的一条优点：_____。

6. 烧水时会有如下的现象发生：① 刚开始加热时，随着温度的升高附在壶壁上的一些小气泡开始上升到液面而破裂；② 过一段时间水快要沸腾时，从水底又会产生大量的气泡，而气泡在上升过程中不断地变大至水面而破裂，水就开始沸腾了。在沸腾的水面上方放置一个干冷的玻璃片，会看到玻璃片的表面有水珠生成。请根据所给信息用微粒的观点解释观象②。

7. 小王家需要将50 kg、20 ℃的水加热到60 ℃作为生活用热水，他家利用煤气灶烧水，需燃烧0.8 kg煤气。已知煤气的热值$q=4.2×10^7$ J/kg，水的比热容$c_水=4.2×10^3$ J/(kg·℃)。求：
（1）将50 kg、20 ℃的水加热到60 ℃需吸收的热量；
（2）完全燃烧0.8 kg煤气所放出的热量；
（3）小王家煤气灶烧水的效率。